# DAO DE JING
# DAOLUN

蓝进 著

这是一部研究《道德经》的独特力作。作者一反两千五百多年来研究《道德经》主要聚焦于文字和章句，而从它的总思想、总思路和总目标着手，从而发现《道德经》是人类历史上第一部辩证唯物论，也是人类历史上第一部人权宣言书。由此揭示《道德经》虽古犹今的崭新面貌，同时也还给中华民族一位大智、大勇、大爱的先哲。

作者在绪论中强调，《道德经》真容的出现是在中华民族走向太平盛世的大环境下促成的，必将在中华民族伟大复兴的道路上发挥重大作用。

## 作者简介

蓝进，字耀廉，1928 年生，福建古田人。曾就读于福州三一学院，毕业于省立福州高级中学。1948 年考入国防医学院；1949 年参加中国人民解放军；1954 年毕业于上海第二军医大学。

曾任海军四〇二医院外科军医，青岛市第二人民医院外科主任，山东省海洋药物研究所英、俄、德、日资料翻译。1979 年调入中国海洋大学（山东海洋学院）任教授，讲授生物化学、分子生物学、毒理学、营养学等课程，并从事海洋药物、海洋资源应用等研究工作。2001 年赴新西兰参加奥克兰大学和皇家科学院项目研究，并任新西兰天然药物所常务副所长。

# 序言

老子的《道德经》，是人类历史上第一部辩证唯物论著作；第一次应用唯物主义的立场、观点和方法，对中华民族从三皇五帝后期到夏、商、周三代两千五百多年的执政历史做了客观、大胆而简约的总结，其结论令人叹为观止；在人类历史上首次将物质运动、变化和按规律发展的无私性、无欲性、无争性和无妄性引入人文领域，缔造仿道政治学，试图构建无为而治的社会和国家。老子《道德经》中的"小国寡民"是人类历史上第一部人权宣言书，其中第一项人权要求就是"不要战争"。

《道德经》，一部旷世绝伦之作，历经两千多年的悠悠岁月，评注诠释之著逾千部，从皇帝到士大夫，从仙人到才子，从文豪到大师，从专家到博士，千家千说，千释千异，众说纷纭，莫衷一是。

一九四九年夏，我在台湾大学图书馆，第一次读到老子《道德经》，只感深奥难懂。迄今，六十五年过去，老子的语言经常在我的脑海中萦回。我曾三番五次重读，每次都有新的感悟，但都不能深入。人生的道路竟是如此艰难，每一次挫折经历，都使我对老子的真言有更深一步的认识。如今，我却要感谢我曾经的那些挫折经历了。

那就是：

曾经沧海难为水，曾经国破山河在；

曾经饥寒严相迫，曾经万户鬼唱歌；

曾经呼天天已老，曾经呼地地茫茫；

嘘怨气兮，浩如长虹，六合虽广兮，受之应不容！

几经人间苦难的洗礼，我再读《道德经》，看到字里行间不时闪烁着人类理性和良知的智慧之光，追之即逝，蓦然回顾却又显现，令人神往。于是，我开始专心致志地研究《道德经》了。

是老子的《道德经》深化了我对物质世界真实情况的认知，加深了我对我的祖国的了解，使我更加热爱我的祖国。是这股力量激励着我，让我鼓起勇气提起编写《〈道德经〉导论》这杆重千斤之笔。这笔，不同于司马迁的《史记》之笔，他是“隐忍苟活，幽于粪土之中而不辞者，恨私心有所不尽，鄙没世而文采不表于后世也”。

而我的私心早已丢失殆尽，更无文采传于后世之意。我只有一颗孩儿般的痴心，牵挂着后来的人，不论是中国人，或是世界其他国家的人。至于我个人所经受的种种苦难，与我的祖国和人民曾经遭受的苦难和屈辱相比，我无言以对。纵有千行血泪，只有为我的祖国才值得去流。这就是我在耄耋之年，仍然孜孜不倦于斯的心情写照和精神动力。

作为中华民族的后人，我感到我们有负于先人，老子的《道德经》这样一部光辉灿烂的巨著，竟然长期被埋没，连中国人自己都弄不懂，如何让世界知道。《道德经》，是科学，是哲学，是属于人民的政治学，是属于人类的人权学，是人类历史上第一次提出以自然的属性来改造人文世界的光辉经典。其现实意义在于：

（一）《道德经》，是人类理性、良知和智慧宝藏。

（二）《道德经》，总结了两千五百多年执政历史的正反经验，可供借鉴。

（三）《道德经》，饱含着对人类深

深的爱，以“三宝”（第六十七章）之首“慈”为核心，整部著作，贯穿着爱民、为民，一切为了黎民百姓的为政理念。

（四）《道德经》，坚决反对战争，谴责战争发动者，“罪莫大于甚欲，祸莫大于不知足，咎莫大于欲得”（第四十六章），统治者为了扩张势力、争做霸主，掠夺资源而漠视人类生命，破坏人类生存环境，践踏人类基本人权，假借种种堂皇名义发动战争，古今有之，必须予以揭穿。

（五）《道德经》，将向全世界宣示：中华民族，自古以来就是一个酷爱和平的民族。“用兵有言，吾不敢为主而为客，不敢进寸而退尺”（第六十九章）；“古之善为士者，不武”（第六十八章）；“鱼不可脱于渊，国之利器不可示人”（第三十六章）。这是先人的教导，要求绝不发动战争，绝不称霸世界。但是，后人却又忘记了先人另一教诲“祸莫大于轻敌，轻敌几丧吾宝”（第六十九章）。为此，中华民族付出惨重的代价。鸦片战争，英法联军，八国联军，甲午海战……入侵之敌烧、杀、抢、淫之后，还要割土索赔。直至二十世纪，日寇大举进攻，铁蹄到处，尸山血河，惨绝人寰；百姓家破人亡，流离失所，苦不堪言。作者亲历八年离乱，记忆犹新。就此一次，中华民族被屠杀的儿女就达三千五百多万，这是血的教训，怎能忘怀？怎敢忘怀？！我的心曾为此流过血。然而，老子的《道德经》教导后人的不是记仇，也不是复仇，而是如何杜绝重蹈历史覆辙，这就是一个伟大民族的精神！

谨以此书，提醒后人，勿忘先人教诲，保我中华，维护世界和平，共创太平盛世。

蓝进

二〇一四年于中国海洋大学

# 目　次

## 总论

## 第三章　两千五百多年执政历史的总结



## 第四章　仿道政治学



## 第五章　坚决反对战争



## 第六章　人类第一部人权宣言书

# 各论

# 总论

# 第一章　绪论

## 一、前言

本导论，力图还原老子《道德经》的真实面貌，还给中华民族一位大智、大勇、大爱的先哲。他是中华民族的，也是全人类的。

《道德经》是科学，是哲学，是人类历史上最早的辩证唯物论，是属于人民的政治学，也是人类第一部人权宣言书。

《道德经》的终极目的是：爱民治国，珍惜生命，尊重人权，反对战争，为万世开太平。这个目的是超时空的，具有普世意义，是全人类的共同愿望。

《道德经》真容的出现，是在中华民族走向太平盛世的大环境下促成的。

本导论期待着异议和批判，只有认真争论和明辨是非，才能更深入、更全面地显示《道德经》的真实容貌。

## 二、概述

老子《道德经》面世已两千五百多年。

自其面世，有关诠释解说的书籍不断涌现。从春秋末期到元代，就达三千多部；到如今，估计在四千五百部以上。关注者，除帝王将相士大夫外，几乎历朝历代的智者、仙人、术士、才子、高人，都曾垂青涉猎、各抒己见，从而众说纷纭，可以说是千家千解、千说千异。

老子《道德经》的原始文本和各种通行今本，有人统计达一千多种，其中改动和含义相差的文句达一百多处。

上述情况表明：

（一）《道德经》中蕴藏的无限价值的东西，虽历经沧桑，却经久不衰。

（二）《道德经》必有异常难解之处，悠悠岁月，难露真容。

（三）《道德经》必曾受过误导，令其陷入云山雾海，迷茫不知所向。

## 三、看法与误读

二千五百多年来涉及《道德经》的著作和文献浩如烟海，不可思量。今仅随机列举数端，以示一般。

列子说：“老子者，道也，乃生于无

形之先，起于太初之前，行于太素之元。”

荀子说：“老子有见于诎，无见于信。”又说：“蔽于天，而不知人。”

司马迁（汉）说：“老子所贵道，虚无变化于无为，故著辞称，微妙难识。”

韩愈（唐）说：“老子之小仁义，非毁之也，其见小也。坐井观天，曰天小者，非天小也。”

宋真宗赵恒说：“老子《道德经》，治世之要。”

欧阳修（宋）说：“老子为书，其言虽若虚无，而于治人之术，至矣。”

苏辙（宋）说：“言至道，无若五千言。”

朱元璋（明）说：“斯经，乃万物之根，王者之上师，臣民之极宝。”

魏源（清）说：“老子之书，上之，可以明道；中之，可以治身；推之，可以治人。《老子》救世之书也。”

纪晓岚（清）说：“综罗百代，广博精微。”

严复说：“夫黄老之道，民主之国之

所用也，故能长而不宰，无为而无不为。”

林语堂说：“道家学说，本质是田野哲学。”

鲁迅说：“不读《道德经》一书，不知中国文化，不知人生真谛。”

胡适说：“老子是中国哲学的鼻祖，是中国哲学史上第一位哲学家。”

冯友兰说：“老子揭示宇宙法则，依循法则，安排自己行为，避凶化吉。”

南怀瑾说：“老子流传久远，加上博而不纯的结果，变成支离破碎，怪诞杂乱。”

毛泽东说：“《道德经》，是一部兵书。”

以上种种说法，不一而足，或正或误，统统可以认为是对老子著作的看法，无伤大雅，并不影响老子原著真谛的传播。

另一方面的情况，就不是这样。

庄子，是老子的继承人，公认“老”“庄”一家。庄子后老子百余年，其人智力过人，才华横溢，其著作构思宏伟，气势磅礴，行文恣肆诙谐，犹如天马行空，飘逸洒脱。与老子相较，庄子豪放有余，大智不足。正因其绝顶聪慧，文章盖世，反成老子之学的最大误导者。这里引用司马迁的评述以证之。司马迁在《史记》中写道："庄子散道德，放论，要亦归之自然。"

（一）散道德：庄子散去老子《道德经》的核心部分，也就是散去"有物混成，先天地生"的唯物主义基础，使道德悬于半空，成为无源之水、无根之木。

（二）放论：庄子将老子的唯物辩证法无限放大，放到失真和荒唐的地步。庄子的《齐物论》足以为证：齐天地，齐万物，齐到大小、寿夭、彼此、生死、美丑和是非。他甚至提出，"怎么知道死了之后，才知道当初不该求生呢"（"恶乎知乎死者不悔其始之蕲生乎"）？

（三）要亦归之自然：庄子所谓归之自然是归到虚无缥缈、无边无际、无有无无、随心所欲、不可理喻的状态，并且说，这是超然物外的最高境界。

庄子可谓大家，名贯古今，其误导所产生的负面效应足以动摇和摧毁老子的唯物主义核心理论。

此后，读解《道德经》引用注释版本最多的是河上公和王弼之作。

河上公，是汉仙人，不知其姓氏，结庵于河之滨，故号河上公；其求道是为得道成仙，其注释可想而知。

王弼，是三国时魏人，可谓才子，评注老子之作时是仅二十出头的小青年，二十四岁就去世了。其人阅世经历尚浅，其对老子《道德经》所作注解基本凭智力，从文献到文献。后人对其评价是“开后来玄虚之渐，妙得虚无之旨”。从“玄虚”和“虚无”四个字，可见一斑。

上述大误和小误，如影随形，两千多年来，一直纠缠和笼罩着老子的《道德经》，可以说是“难矣哉，其见天日”！

## 四、本导论取向

鉴于前述情况，本导论不再纠缠于传统强加给老子《道德经》的许多不实和虚构之词，也不再重复地从文献到文献，否则，事而无功，甚至又落入迷雾而不能自拔的覆辙之中。

这里可以肯定的有三点：

（一）老子的《道德经》是为后人写的。

（二）老子的《道德经》，具有明确的目的和远大的目标。它不是供人玩赏之文学，也不是羽化登仙之秘典，更不是应函谷关尹喜之求的被动之作。

（三）老子的《道德经》，不容于当时那个年代，更不容于统治者。如果明白直说，就会引来杀身之祸，甚至九族之诛。所以，为了传于后世，老子不得不将《道德经》进行特殊处理和包装，深藏于“深山老林”，置之于“云山雾海”，等待后人逐步发掘。

根据以上理由，确定本导论的方向：

（一）以老子的《道德经》作为核心，寻觅其总思想、总思路和总目标，按老子提示的“有之以为利，无之以为用”（第十一章），转译为老子《道德经》的解读，就是：“文之以为导，义之以为用”。文字是打开著作的钥匙；待找出主旨之后，文字和文句又会变成组装主旨的零部件。要读懂《道德经》，既要知树，又要见林，这样，才能看清到底是松树林还是白桦林。

（二）沿着老子著作的总思想、总思路和总目标，将《道德经》引向现代、引向未来。展现老子倾毕生心血为后人留下爱民治国、珍惜生命、尊重人权、反对战争、为万世开太平的锦囊妙策，这也是老子耿耿于怀的心愿："我独异于人，而贵食母"（第二十章）。

（三）《道德经》既为后代所用，其语言导向，就是要用现代语、科学语和哲学语。通篇《道德经》看不到唯物和辩证的字眼，可是贯穿整个《道德经》的却是实实在在的唯物论和辩证法。东方哲学的神秘面纱，可以通过解除语言的禁锢，而显出其科学的真容。

## 五、《道德经》的核心理论

《道德经》的核心理论是"道"。"道"是以物质为中心，经过抽象、概括，提升到理论化和系统化的水平。整部《道德经》是在"道"的基础上展开的。

（一）"道"是建立在"有物混成"（第二十五章）的物质上，物质是"道"的根本，是宇宙之源——"先天地生"（第二十五章）。除了物质之外，别无他物。

物质是唯一存在的统一体——“寂兮寥兮，独立而不改。”（第二十五章）。这是唯物主义的一元论，明确指出物质是第一性，不存在两性之争。

（二）物质运动、变化和发展是按规律进行的。“大道泛兮，其可左右，万物恃之以生而不辞，功成而不有。”（第三十四章）“道生之，德畜之，物形之，势成之。”（第五十二章）“天下万物生于有，有生于无”（第四十章），“故有无相生”（第二章）。

以上所述，就是物质运动、变化和发展的辩证规律，也是“道”的运行规律，这个规律就是唯物辩证法。

（三）物质生万物也就是“道”生万物。“生而不有，为而不恃”“功而不居”“长而不宰”（第二、十、五十一章）。这是物质的属性，也是“道”的属性。这个属性，是人类对物质运动、变化和发展的理性和人性化的认识，是老子独特的见解，也是无为而治和仿道政治学的原理和原道。

以上是老子《道德经》的理论基础。“道”和辩证唯物论是同出而异名。由此可见，人类历史上最早的辩证唯物论出自中华民族，它比西方要早两千多年。

掌握《道德经》的核心理论，对于读懂《道德经》具有决定性意义。

## 六、揭开《道德经》之谜

在揭开《道德经》之谜之前，必须认真地、严肃地认识以下几个观点。

（一）《道德经》之“道”是东方的辩证唯物论，其内涵是彻底的唯物主义，否认神的存在，肯定世界是物质的，除了物质别无他物。

（二）大道废后，天下为公转为天下为私。私者，就是掠夺天下人之天下据为己有者。这些掠夺者，就是天子、皇帝和王侯。只有有神论者，才把他们视为天子，也就是天之子，或是天帝之子。君权神授，天子、皇帝、王侯都是上天派遣下来管理人间的转世天神。因此，他们都是神化出来的产物。

（三）大道废后，仁、义、礼、智、

信和一切道德，都得用来维护掠夺者私天下的统治。社会、国家和人民都得以天子、皇帝和王侯作为价值的主体，凡是符合天子、皇帝和王侯利益和诉求的，就是最高的道德。

上述观点，在两千多年后的今天，反对者仍然大有人在。

由此可想而知，老子《道德经》为什么要作种种处理和层层包装；否则，怎会面世？自然也不可能传至今日。

以下是老子对《道德经》的主要处理和包装。

（一）化整为零，混合一体，可以深藏。将核心理论、主导思想、史实揭示等系统论述全部解体，有意地进行混体组合，分布于经文中，其结果就如南怀瑾的评述“博而不纯”“支离破碎”“怪诞杂乱”。这就是老子有意布下的大迷阵，并且达到了预期效果。

（二）脱胎换骨，不去其名，可以瞒天。最突出的例子是老子继承传统的“道”，仅用其名，扬弃所有传统的内涵，换上辩证唯物论，以彻底的唯物主义、辩证法和物质运动的属性充实“道”。在另一处却声称：“天下皆谓我道大，似不肖。夫唯大，故似不肖。”（第六十七章）这就是说，“我”所说的“道”，是从宇宙之源、天地之始、万物之生到人类的出现，统统都纳之于“道”。“道”是如此之大，它不是传统的“道”，“故不肖”。肖者，骨肉相似，子孙似其先祖也。“不肖”表示“我”的“道”根本就不是原来的“道”。

（三）正话反说，反话正说，难分难解。例如，第五十五章中说“含德之厚，比于赤子。毒虫不螫，猛兽不据，攫鸟不搏”，这是完全不可能的事，可是说得如此真切；其真实的意思，只不过表示含德之厚者，就像婴儿一样，无私、无惧的赤子之心而已。然而，这种说法就会被求道、修道者视为：只要真心诚意修道，待到道德圆满得“道”之时，就会刀枪不入、猛兽不害，成为真正的仙人了。

又如，第五十章中的“盖闻善摄生者，路行不遇兕虎，入军不被甲兵；兕无所投其角，虎无所用其爪，兵无所容其刃”，这也是天方夜谭，是完全不可能的事。其真实意义是指，这些都是死亡之地，统治者为了发动战争，将占人口三分之一的青壮年驱赶到死亡之地，他们怎么会不死呢？

从这里可以看出，《道德经》的文与义、义与事实、事实与说法、说法与作者原意，几经周折才能找到，何其难哉！

（四）取类比象，以东说西，可以迷向。《道德经》中，不少地方以取类比象说事、示理、喻道。例如，第二十八章中的“知其雄，守其雌……知其白，守其黑……知其荣，守其辱……”怎样解读这些话，到底指什么，比什么？如果勉强解释和直译就会前言不对后语，甚至荒唐可笑。只有通盘掌握《道德经》的总思想、总思路、总目标之后，才能理解这是老子对爱民治国执政者的要求。要求他们为了黎民百姓，可以守雌、守黑、守辱，也就是俯首甘为孺子牛，宁愿委屈自己，也不要伤害百姓。意思就是这么明了和简单。

（五）用语双关，一言多义，可以模棱。例如，第一章中的“道，可道，非常道”

就是双关语，可以解释为“我”所说的“道”，不是常人所说的“道”，或是一般所谓的“道”，而是第六十七章所说的“道”：“天下皆谓我道大，似不肖。夫唯大，故似不肖。”第一章的说法和第六十七章相呼应，表示这个解释是正确的；同时，又可以解释为可以话说的“道”不是永恒之道，永恒之道是说不清楚的。第二十一章指出“道之为物，惟恍惟惚”。何谓“恍”和“惚”？第十四章“无状之状，无物之象，是谓惚恍”的回答。第一章和第二十一章、第十四章相呼应，所以说，这个解释也是正确的。

（六）画龙点睛，画蛇添足，可以混淆。例如，第一章中的“道，可道，非常道。名，可名，非常名。无名，天地之始；有名，万物之母。”这是老子画龙点睛之笔，气势磅礴，含意深邃，朗朗上口，落地有声。第五十章中的“盖闻善摄生者，路行不遇兕虎，入军不被甲兵”，这是画蛇添足，文不对题，令人莫名其妙。最后，才点出，这里是没有猛兽和没有甲兵的安全之地：“夫何故，以其无死地。”

（七）越过形式逻辑，以辩证逻辑说

事。例如，第六十五章指出："民之难治，以其智多。故以智治国，国之贼；不以智治国，国之福。"这是辩证逻辑的说法。唯物辩证法认为，正反共处一体，智可以为善，也可以为恶。这里指的"智"是巧伪、奸诈、欺骗、阴谋的险恶之"智"。大道废，天下为私，统治者和贵族们始终处于争权争利之中。他们尔虞我诈，相互欺骗，钩心斗角，机关算尽。国家、社会、官场、商场无处不用险恶之智。高智商的阴招、损招层出不穷，善人根本不知道也不相信坏人会坏到难以想象的地步。在这样的环境下生存，首受其害的是千百万的黎民百姓。这就是"以智治国，国之贼；不以智治国，国之福"。

以上所列，可作解读《道德经》之引，也可以说是兵分数路齐头并进，以此达到全盘掌握《道德经》总思想、总思路和总目标的目的。只有这样，才不至于停留在文字上、章句上，重走引经据典、从文献到文献的老路，而是"依法不依人，依义不依文"。这里没有"凡是"，而是紧紧地结合着客观存在的实实在在的事物、物质发展的规律、历史行程的事实上，最后达到解开《道德经》两千五百多年经久不衰具有旺盛生命力之谜。

遵循《道德经》的教导，所谓解谜是相对的。第七十一章中的“知不知，尚矣”是在说，要知道还有不知道的地方。这个不知道的地方或许永远无法知道，这才是真知，也是开放式的真知。这便是辩证法的认识论。

# 第二章　哲学部分

《道德经》的“道”，是辩证唯物论的东方称谓，是唯物主义和唯物辩证法的完整结合体。这个结合体的内涵是：“有物混成，先天地生”（第二十五章）、“有生于无”（第四十章）、“有无相生”（第二章）。这个内涵是对物质世界的最高哲学概括。这个概括是开放的，是具有无限发展空间的。这就是两千五百多年前东方的哲学成就。

因此，人类第一部辩证唯物论著作诞生在中国，它比西方的辩证唯物论著作要早两千多年。

## 一、哲学观

从《道德经》中，可以读出老子的哲学（道）是自然产生的、原始的、朴素的，却又极其严谨的，其独特之处在于：

（一）以物质世界、现实世界作为原点，以实事和事实作为基础。

（二）通过实践、观察、再实践、再

观察的过程，不断地从实事和事实中寻觅事物的本质和真谛，再在实践中进行印证，最后还要与实事和事实进行无缝对接。

（三）关切事物变化和发展的程序，防止前后翻转、本末倒置。

（四）把物质运动、变化和发展的辩证规律视作物质的属性，它与物质的存在具有同等意义。

（五）研究哲学（道）的目的，在于认识并掌握事物的发展规律，驾驭事物的发展过程，使事物的发展有利于人类的生存并服务于人类。

《道德经》的这些哲学（道）观，不同于中国诸子百家的哲学观，也不同于西方传统的哲学观。西方传统的哲学观，把哲学看成精神的产物，将人的认识、思维、观念和思想跟哲学混在一起，断其源，去其本，只研究其流、其末。这样，极易导致纠缠不清，甚至本末倒置。老子之后的两千五百多年中，中外哲学家对物质与精神的先后关系一直争辩不休。实际上，哲学是物质、事物和客观存在通过精神系统转化出来的产物。精神系统对哲学的产生至关重要，可以肯定地说，没有精神系统就没有哲学。但是，精神系统不是哲学的根源，哲学的根源是物质世界，是实事，是事实。这就是《道德经》哲学（道）所遵循的根本原则。这个观点是唯物的、原始的，也是经典的。

哲学和科学一样具有独立性。正确的哲学是以科学为基础的。哲学基于科学而高于科学就表现在：哲学是将科学中所发现的种种现象、规律和原理进行提取、抽象和高度概括，梳理出不同事物运动、变化和发展的最根本共性，其所得的结论具有指导性、全面性和前瞻性。因此，哲学是物质、事物和客观存在真实情况的升华和结晶。

## 二、唯物论

老子《道德经》核心理论的原点是唯物主义，并以第二十五章“有物混成”为中心而展开。第十四章中指出：“视之不见，名曰夷；听之不闻，名曰希；搏之不得，名曰微。此三者，不可致诘，故混而为一。其上不皦，其下不昧，绳绳兮不可名，复归于无物。是谓无状之状，无物之象，是谓恍惚。”“恍惚”是对“有物混成”的描绘，又是处于浑沌状态物质的代词。第二十一章中指出：“道之为物，惟恍惟惚。惚兮恍兮，其中有象；恍兮惚兮，其中有物。窈兮冥兮，其中有精；其精甚真，其中有信。”这是对“有物混成”的物质做了微观虚拟的描述，相当于现代科学中，物质微观结构的质点、能量、空间及其规律，或粒子、波动（运动）、场及其规律。

以上三章为唯物论奠定了坚实的基础。第二十五章中的“有物混成，先天地生”，确认宇宙的本体是“有物混成”的物质。这个物质是宇宙之源，天地之始。这个物质是独立的、唯一存在的统一体。第二十五章中的“寂兮寥兮，独立而不改”，是唯物论的一元论。这里只有物质，没有他物——没有神，没有上帝，也没有绝对精神。因此，物质是第一性的，是万物万事之源，包括精神在内都是物质发展的产物。

第二十五章中的“周行而不殆”，表示物质是运动的，永不停息的。

以上观点和现代科学完全接轨。这里需要着重指出的是，以“有物混成”来诠释物质或是本体的概念，具有超时空的意义。它完全符合现代前沿科学的观点——物质是质、能和空间混成的统一体，用另一种形式表达就是粒子、波动和场。它们尽管各自形态不同，却是一个不可分离的体系；质和能可以互变，场同样是物质的。

科学大师爱因斯坦（A.Einstein 1879—1955）以质能联系定律

$$E=mc^2$$

揭示了质量和能量具有内在的不可分割的本质关系。并进一步证实：

1 克质量＝ $9\times10^{20}$ 尔格（能量）

这些科学成就，足以说明物质是一个不可分割的混成体。

老子的“有物混成”是万物之源，与其同时代的西方哲学始祖泰勒斯（Tales BC624—BC547）认为水是万物之源相比较，两者的差距是何等之大！

## 三、辩证法

《道德经》中的辩证法，实实在在地存在于物质和事物的运动、变化和发展中。它显示着辩证法之源不在思维而在物质和事物自身之中。思维的辩证性是客观事物在人类大脑中的反映。辩证法不是人类的发明和创造，而是自然而然存在于客观事物中。

《道德经》的辩证法，是在实践中发现，又在实践中应用的辩证法，并由此引导出如何掌握辩证法去驾驭事物的发展。整篇《道德经》中贯穿着辩证法。尽管文中只字未提及辩证法，也没有在理论上系统地总结辩证法，但是，处处活跃着辩证规律，并且它和物质的运动、变化和发展密不可分，显示着辩证规律就是物质运动的属性。这个思路和观点奠定了唯物辩证法的物质和理论基础。这充分说明，奠基于实事、扎根于事实、经过实践反复检验的理论和观点具有超越时空的生命力。《道德经》的辩证法是原始的、朴素的、深刻的，而又是经典的、合乎科学的。

（一）《道德经》的辩证法是以“道”

为基础，也就是以“有物混成”的物质为基础，排除了辩证法来源于绝对精神、宇宙理性、人类思维等等形而上学的范畴，将辩证法回归到物质的属性，称为唯物辩证法。

（二）《道德经》对于物质世界的万物、人文领域的万事、思维体系的概念，统统应用唯物辩证法的观点来揭示它们的真谛。从“道，可道，非常道。名，可名，非常名”（第一章），“绝圣弃智，民利百倍；绝仁弃义，民复孝慈；绝巧弃利，盗贼无有”（第十九章），“以智治国，国之贼；不以智治国，国之福”（第六十五章），“信言不美，美言不信。善者不辩，辩者不善。知者不博，博者不知”（第八十一章），将辩证法应用得淋漓尽致，将事物披露得清澈见底。这些活生生却又带着冲击脑神经的语言，希望能警醒世界上那些思维固化、自见自是、刚愎自用、一根筋到底的执政者！

（三）物质世界在呈现其多样性、复杂性和无限性的同时，也展现出辩证规律的多样性、复杂性和无限性。《道德经》

中对两者的相关性和同一性给予肯定，并认为这是自然而然的。第二章中的“有无相生，难易相成，长短相形，高下相盈，音声相和，前后相随”，第五十八章中的“祸兮，福之所倚；福兮，祸之所伏……正复为奇，善复为妖”，揭示了辩证规律随着事物的变化和发展，从单一向多样、从简单向复杂、从低级向高级同步发展，因此，唯物辩证法是开放的、发展的。

综上所述，《道德经》的辩证法是唯物辩证法，是揭示事物真谛的思维方式，是与物质同步发展的辩证规律。

## 四、认识论

《道德经》的认识论有两大特点：

其一，强调排除一切干扰，不论是外在的、内在的、传统的和社会意识形态的，统统不得影响观察者对事物的观察。只有一尘不染、清澈如一潭静水，才能反映出客观事物的真相。这就得“致虚极，守静笃”（第十六章）。

致虚极，是对观察者精神状态的要求。观察者必须清净心志、内心空无一物，虚怀以待，要达到虚空到极点的状态。

守静笃，是对观察者的情感、情绪状态的要求。观察者必须做到专心致志、宁静无思，忌情感和情绪的波动，并且在观察中，要坚守如一、心无旁骛。

其二，坚信认识来源于客观世界，不是天生的，如第三十八章所言“前识者，道之华，而愚之始”。因此，《道德经》的认识论奠基于实事，扎根于事实。离开实事和事实就离开了客观存在的物质；没有客观存在的物质，根本无法产生认识，也就没有认识。这个观点比西方类似的观点早了两千多年。这个观点是格物致知的观点，是符合科学的观点，是揭示物质世界真实情况的正确途径。相比于柏拉图的“理念世界”，黑格尔的“绝对精神”，以及后来唯心主义的种种“先验论”，我们不难分辨出：是与非，正与误。在中国，这个观点同样可以用来分辨程朱的“天理”，陆九渊的“宇宙即是吾心，吾心即是宇宙。”

《道德经》中几乎全是以实事和事实为例说事、言理、喻道。例如，“天地之间，其犹橐龠乎？虚而不屈。动而愈出”（第五章），“三十辐，共一毂，当其无，有车之用。埏埴以为器，当其无，有器之用。凿户牖以为室，当其无，有室之用”（第十一章），“希言自然。故飘风不终朝，骤雨不终日。孰为此者？天地。天地尚不能久，而况于人乎”（第十三章），“上善若水。水善利万物而不争，处众人之所恶，故几于道”（第八章），“治大国，若烹小鲜”（第六十章），等等，不一而足。

此外，《道德经》认识论为了准确和全面地认识事物，强调要做到以下几点：

（一）对实事和事实要反复观察，以此检验和证实观察结果是否正确。“致虚极，守静笃。万物并作，吾以观其复”（第十六章），要在“万物并作”中，反复观察事物的发展规律，也就是在实践中认识真理，检验真理。

（二）要掌握事物的共性和个性。例如，“天下有始，以为天下母。既得其母，以知其子。既知其子，复守其母，没身不殆”（第五十二章）。“得其母”，就是认识事物的共性、普遍性；“以知其子”，就是认识事物的个性、特殊性。“既知其子，复守其母”是说既要认识事物的个性、特殊性，又要认识事物的普遍性、共性。这样，才能全面地认识事物。

以上四点，可以说是抓住了认识论的根本和要害，简明扼要，一竿到底。但是，在老子之后的两千多年中，中西方的学者们，就认识论仍然各抒己见，争论不休。至今，余波未息，论文不绝。

## 五、价值观

《道德经》的价值观，是黎民百姓的价值观，是广大人民的价值观，是全人类的价值观。这是一个超时空的价值观。老子将价值的主体锁定在最广大的黎民百姓上，根据黎民百姓的利益和需求来评定客体对主体的价值。因此，这个价值观，对全人类来说具有永恒的意义。《道德经》中的人本主义是将人民作为一个整体，也就是包括整个人类，不分肤色，不分种族，不分国家，不分信仰，不分贵贱，不分贫富，统统纳入价值的主体。任何客体都得根据是否符合广大人民的利益和需求来评定其价值。因此，这是人文领域的最高价值观。

（一）《道德经》以道为理论核心，而道的价值却是以人、人类作为价值主体。例如，第五十一章中的“道之尊，德之贵，夫莫之命而常自然。故道生之，德畜之；长之育之；成之熟之；养之覆之。生而不有，为而不恃，长而不宰，是谓玄德”，明确指出“道”的尊与贵的价值，是对人类而言的。生而不有，为而不恃，功而不居，长而不宰的无私、无欲、无争、无害和无妄的属性是“道”的最大价值，也是人类的最高道德标准。这个道德标准是超时空的、永恒的。《道德经》将价值观用道德标准加以衡量，使价值观上升到人类理性和良知的至高水平。

（二）人（人类）在《道德经》中被提高到“道”的高度来认识。例如，第二十五章中的“故道大，天大，地大，人亦大。域中有四大，而人居其一焉”，把人与天地同大，与“道”同大。又如，第二十五章中的“人法地，地法天，天法道，道法自然”，是说人是从“道”衍生出来的，也就是说，人是物质高度发展的产物，是宇宙之精华、万物之灵长。因此，人的生命应该得到珍惜，人的生存环境应该得到维护，人的尊严应该得到尊重。这是《道德经》以人作为价值主体的理论基础。

（三）圣人之所以成为圣者，是因为“圣人常无心，以百姓心为心。善者，吾善之；不善者，吾亦善之；得善”，“圣人在天下，歙歙焉，为天下浑其心”（第四十九章），清楚地道出，圣人的价值在于以人民之心为心，服务于人民，为天下兢兢业业、默默奉献；为人民竭忠尽智，操碎了心。这就是圣人的行为，符合广大人民的利益，满足广大人民的需求，其价值的大小取决于对人民所做的贡献。如果圣人的行为伤害了广大人民的利益，违反了广大人民的需求，那么，这个圣人就要打折扣了。

以上数端是《道德经》价值观的具体表述。这个价值观是原始的、朴素的，也是经典的、科学的，具有普世意义。

# 第三章 两千五百多年执政历史的总结

老子的《道德经》是人类历史上，第一次应用辩证唯物主义的立场、观点和方法，对中华民族从三皇五帝后期到夏、商、周三代的两千五百年中，数千邦国和三个王朝的执政历史所做的客观的、实事求是的、大胆而简约的总结。

两千五百多年的历史，经历了原始氏族公社制、奴隶制、封建领主制、封建地主制；其间，还有过渡体制，以及各邦国间不同体制犬牙交错的状态，情况极其复杂。然而，《道德经》对此的总结却是提纲挈领，抓住了主干，统观了枝叶，概括无余，可见全貌。

## 一、圣人之治

这是对三皇五帝后期，也就是尧舜时代的历史总结。由于传说多于可信资料，故叙述多以“古”为名来表达。

对圣人之治的总结，又是仿道政治学

的思想渊源，它与大同世界异曲同工，也是老子的理想和期待。

（一）“圣人常无心，以百姓心为心”（第四十九章）这句话总结了圣人之治的核心理念，那就是圣人永远不得有私心，而应以百姓之心为心。这话算是说到家了，两千五百多年之后仍然光辉灿烂，成为一切政治家之教父。

（二）“豫兮若冬涉川；犹兮若畏四邻；俨兮其若客；涣兮其若凌释；敦兮其若朴；旷兮其若谷；混兮其若浊；澹兮其若海；飂兮若无止。孰能浊以静之徐清？孰能安以动之徐生？”（第十五章）表达出圣人为政应兢兢业业、夙夜匪懈、如临深渊、如履薄冰，丝毫不敢怠慢，还得有足够耐心。

（三）“古之善为道者，非以明民，将以愚之”（第六十五章）指出，圣人施政，不应以巧伪奸诈、精于权术的“聪明才智”显示于人民，而应以真心实意、纯朴无邪之心对待人民。

（四）“圣人抱一为天下式。不自见，故明；不自是，故彰；不自伐，故有功；

不自矜，故长。夫唯不争，故天下莫能与之争。”（第二十二章）“是以圣人自知不自见；自爱不自贵。”（第七十二章）指出，为万民管事的圣人，有高天厚地足以载物容人的胸襟；深知自身职责之重大，不敢自见、自是、自伐、自矜，更不敢自贵。“行于大道，唯迤是畏。”（第五十三章）指出，圣人依道行政，仍然小心翼翼，就怕出偏差。

（五）反对战争是圣人之治的国策。例如，“善为士者，不武。”（第六十八章）“天下有道，却走马以粪。”（第四十六章）。

## 二、大道废后的社会结构

大道废后，天下人之天下被掠夺者所占有。掠夺者指天子、皇帝、国君和王侯。他们作为“天之子”，以君权神授君临天下。天下成为一姓或一个宗族的天下，“普天之下莫非王土，率土之滨莫非王臣”。帝王是天下的拥有者，与帝王同宗的是皇族，是贵族。将相士大夫是皇族的大小管家，从封疆大吏到末品县官都是效劳于天子的臣仆。以周朝为例，天子之下有王、公、卿大夫、士、皂、舆、隶、僚、仆、台等十个等级，他们形成了一个庞大的统治集团，这个集团掌控着整个国家的生产资料和社会财富，黎民百姓只是依附于土地的劳动者或是奴隶。这就是老子之前两千多年中，王朝和几千个邦国的社会结构和经济基础。

## 三、大道废后的思想和社会意识形态

大道废后，以掠夺开始而形成的私有制，从其统治核心到围绕核心的贵族，以及其辐射出来的臣仆、皂隶，统统处于争权夺利、弱肉强食状态。邦国之间争夺地盘、扩张势力、互相厮杀、战争不断。人类智慧在这里向邪恶发展，由此，反映在社会上层建筑的思想和意识形态就如《道德经》所作的如下总结。

“大道废，有仁义；智慧出，有大伪；”（第十八章）“绝圣弃智，民利百倍；”（第十九章）“民之难治，以其智多。故以智治国，国之贼；不以智治国，国之福。”（第六十五章）

智慧在帝王统治的私有制下，成为罪

恶的渊薮和阴谋诡计的源泉。这个总结是尖锐的、深刻的，也是唯物的、辩证的。

## 四、道德的异化

为维护和美化帝王统治下的私有制社会，道德和仁、义、礼、智、信被用来作为文饰的工具，由此，导致整个道德内涵的异化。《道德经》对此作了如下总结。

“大道废，有仁义……六亲不和，有孝慈；国家昏乱，有忠臣。”（第十八章）“绝仁弃义，民复孝慈；绝巧弃利，盗贼无有。”（第十九章） “故失道而后德，失德而后仁，失仁而后义，失义而后礼。夫礼者，忠信之薄，而乱之首。”（第三十八章）

《道德经》将帝王统治下的道德和仁义的虚伪性、欺骗性揭示得淋漓尽致，其机理又是如此透彻见底，令人叹为观止。

## 五、封建统治者执政行径的总结

以天子、皇帝、国君和王侯为核心的封建统治者，拥有天下的生产资料和社会财富，实行专制独裁、中央集权的政治体制，广大黎民百姓在神权、帝权、官权的重压下挣扎着。对此《道德经》作了如下描述。

“民之饥，以其上食税之多，是以饥。民之难治，以其上之有为，是以难治。民之轻死，以其上生之厚，是以轻死。”（第七十五章）“朝甚除，田甚芜，仓甚虚，服文采，带利剑，厌饮食，财货有余，是为盗竽。”（第五十三章）“民不畏威，则大威至。无狭其所居，无厌其所生。”（第七十二章）“常有司杀者杀。夫代司杀者杀，是谓代大匠斫。夫代大匠斫者，希有不伤其手矣。”（第七十四章）“天之道，损有余而补不足。人之道，则不然，损不足以奉有余。”（第七十七章）“动之于死地，亦十有三。夫何故？以其上生之厚。”（第五十章）“天下无道，戎马生于郊。罪莫大于甚欲；祸莫大于不知足；咎莫大于欲得。”（第四十六章）

以上以事实揭示统治者数项主要的行径及其造成的后果，可以归纳总结如下。

（一）造成黎民百姓饥寒交迫的原因是统治者的苛捐杂税和重赋暴敛。

（二）朝廷和衙门建得恢宏气派，而

百姓的耕地却杂草丛生，荒芜贫瘠；国库空虚，统治者和贵族们却锦衣玉食，其家里的财富几辈子也用不完，可以称这些人是“强盗”，或是强盗头子“盗竽”。

（三）统治者无视法律，越过司法机关，亲掌生杀之权，代替执法机关和行刑者，杀戮百姓，他们成了刽子手（大匠）。

（四）榨取贫困的黎民百姓，养肥富有的贵族，这就是“人之道，损不足以奉有余”。

（五）统治者在“甚欲、不知足和欲得”的驱使下，发动战争，驱赶占人口三分之一的青壮年奔赴战场，为其流血捐躯。周朝八百年中，一千八百多个邦国，统治者发动战争相互厮杀兼并，将自己消灭到只剩下十多个邦国。历史以铁的事实揭示：统治者是战争的始作俑者，是发动战争的罪魁祸首。

由上述总结可看出，统治者是饥寒交迫的制造者，是强盗头子、刽子手、独裁者和战争罪犯。这是一个只有真正的唯物主义者才能作出的如此大胆而实事求是的总结。这个总结是所有统治者都无法接受的，但是，这是事实，实际上有过之而无不及。

## 六、王朝和邦国的衰败和覆灭

夏、商、周三代的两千多年中，历经八十多位帝王，其中，数以千计的诸侯之国、王侯不计其数。所有的王朝和邦国，它们或迟或早都以衰败和覆灭而告终。

《道德经》在总结王朝和邦国兴衰和覆灭的过程中，认识到大道废后，统治者的行径是决定王朝和邦国兴衰和存亡的主要原因。

“天下神器，不可为也，不可执也。为者败之，执者失之。……是以圣人去甚，去奢，去泰。”（第二十九章）“天下无道，戎马生于郊。罪莫大于甚欲；祸莫大于不知足；咎莫大于欲得。”（第四十六章）

这里明确指出，统治者以“甚、奢、泰和甚欲、不知足、欲得”的“为”和“执”治理天下，必然导致王朝和邦国的衰败和覆灭。“为”，在“欲”的驱动下就是“妄为”；“执”，在“私”的驱动下，就是“占为己有”。所以。结论是“妄为者必败，占为己有者必失”。

“不自见，故明；不自是，故彰；不自伐，故有功；不自矜，故长。”（第二十二章）“自见者不明；自是者不彰；自伐者无功；自矜者不长。”（第二十四章）“是以圣人自知不自见；自爱不自贵。”（第七十二章）

这里点出封建统治者普遍存在的特性是“自见、自是、自伐、自矜和自贵”。这些特性，促进了统治者的专制独裁和刚愎自用；正因为他们是天子、皇帝和王侯，臣仆们只能山呼万岁，皇恩浩荡，结果，加剧了他们无法无天、为所欲为直至天怒人怨。

摧毁封建王朝和邦国力量的是黎明百姓，是千千万万的人民。

“民不畏威，则大威至。无狭其所居，无厌其所生。”（第七十二章）“民不畏死，奈何以死惧之？”（第七十四章）

这是统治者把人民逼到无以为生、生不如死的地步，千千万万不畏威、不怕死的人民被迫奋起，封建王朝和邦国在人民的怒潮中灰飞烟灭。

## 七、令人担忧的结局

“唯之与阿，相去几何？美之与恶，相去若何？……众人熙熙，如享太牢……我独泊兮，其未兆；沌沌兮，如婴儿之未孩；累累兮，若无所归。……众人皆有以，而我独顽且鄙。我独异于人，而贵食母。”（第二十章）

这是老子忧心忡忡、难以释怀的心情写照。

忧从何来？牵挂又在哪里？一个王朝的覆灭，总是靠千千万万被压迫人民的流血牺牲来完成的。前一个王朝覆灭了，领导人民起来造反的领袖们又建立了下一个王朝。领袖们在坐稳江山之后，又重复着前一个王朝统治者的行径，只换汤，不换药。两千五百多年的执政史就是如此周而复始。流血牺牲的是黎民百姓，坐江山的是天子、皇帝和王侯。老子之后的历史依然在证实老子的担忧并非杞人忧天。从陈胜、吴广到刘邦；从朱元璋、李自成到洪秀全，这些领导农民起义的领袖们，他们抢到政权后，马上就称王称帝，何其相似！怎不令人忧心忡忡、难以释怀？！

## 八、哲学的总结

《道德经》提纲挈领、简洁明了之总结，完全是按照辩证唯物主义的思维体系进行的，同时，又证实了辩证唯物主义的规律。在总结两千五百多年执政历史的过程中，又发现物质世界进入人类世界之后唯物辩证规律上升到极为重要的位置。人类存在的客观世界，已不是单纯的物质世界，把物质视为人类社会发展的唯一决定因素，已经不符合辩证唯物主义了。

“道生一，一生二，二生三，三生万物。”（第四十二章）人类存在的客观世界，已是“道”的第三代产物，这就是，物质与精神、存在与意识的混合体，人类世界的万物万事就是这个混合体的产物。

《道德经》以两千五百多年的史实，揭示了人类存在的世界中，存在决定意识，意识又反作用存在，存在与意识之间的转换枢纽是执政者。

“其政闷闷，其民淳淳；其政察察，其民缺缺。”（第五十八章）是说社会的存在决定人的意识。毫无疑问，这就证实了唯物主义中存在决定意识的规律。

是谁造成了“其政闷闷”？又是谁造成了“其政察察”？是执政者，是执政者的意志。这就是说，执政者的意志决定了社会的存在。同样，毫无疑问，这是唯物辩证法的意识决定存在的规律。

进一步追查执政者的意志从何而来？

大道废，执政者被神化成天之子，是上天派到人间管理万民的人世主宰，是至高无上的皇帝。

天子皇帝，进驻皇宫，三宫六院七十二妃，大小太监成群，奴婢不计其数。天子行动，前呼后拥，锦衣玉食，家常便饭。坐上龙椅，群臣跪拜，山呼万岁，皇恩浩荡。一旦出巡，必先戒严清道；圣驾到处，旌旗招展，鼓乐喧天，护卫围绕，御林军簇拥……

这就是“五色令人目盲；五音令人耳聋；五味令人口爽；驰骋围猎，令人心发狂；……”（第十二章）

这样的存在将塑造出一个什么样的执政者？

《道德经》以两千五百多年的史实给出答案：

封建统治者是人民饥寒交迫的制造者（第七十五章），发动战争的罪魁祸首（第四十六章），榨取民膏民脂的强盗头子（盗竽）（第五十三章），屠杀人民的刽子手（大匠）（第七十四章）。

存在决定意识。只有真正的辩证唯物主义者，才敢如此大胆地揭示这个神权、帝权、仁义、道德被包装得神圣、尊严的背后，竟是如此的残酷和血腥！

上述发现和论证引出第二个发现，那就是人文领域不同于物质世界，具体地说，就是“人道不同于天道”。

“天道无亲”（第七十九章）；“天之道，利而不害”（第八十一章）；“天之道，其犹张弓欤？高者抑之，下者举之，有余者损之，不足者补之”（第七十七章）。

“道生之，德畜之，物形之，势成之。……故道生之，德畜之。长之育之；成之熟之；养之覆之。生而不有，为而不恃，长而不宰……”（第五十一章）。

这就是老子将天之道及其属性引入人文领域的哲学根据。

# 第四章　仿道政治学

仿道政治学，是《道德经》的核心和最精华部分，是老子主张：以民为本，依道行政，其终极目的是爱民治国，珍惜生命，尊重人权，反对战争，从而构筑无为而治的社会和国家。创建人类和平共处的太平世界，是一切政治学的基础。不论奴隶社会、封建社会、资本主义社会或是社会主义社会都应该珍惜生命，尊重人权，反对战争。尽管私有制的出现，人类的“私”和“欲”的极度发展，扭曲了人类的理性，摧毁了人类的良知，但是，这毕竟是人类的社会。大部分同类的禽兽和畜类尚能和睦相处，作为宇宙之精华、万物之灵长的人类有的却为满足私欲而争权夺利、称霸天下，残害同类、相互杀戮，情何以堪！

中华民族的先哲，在两千多年前就对前两千五百多年中扭曲人类理性和摧毁人类良知的历史部分，不仅做了彻底的揭示、进行了认真的反思，还探索了它的机理、寻觅出解决它所存在问题的途径和方向。《道德经》的出现和仿道政治学的提出，就是无可置疑的史实佐证。

遗憾的是：两千多年来，对仿道政治学只有误会，没有太多的人理会，更是少有人仿效和实施。正如老子的预言："天下莫能知，莫能行……知我者希，则我者贵。"（第七十章）为此，本导论有必要按老子的原意将无为而治、爱民治国的整套思想体系和基础理论进行归结并表述为"仿道政治学"。以此，让世人了解其真实内涵和时代意义。

## 一、历史渊源

圣人之治是仿道政治学的历史渊源，也是中华民族共同向往和景仰的大同世界。今以"礼记""礼运"篇，作为追根溯源的资料。

"大道之行也，天下为公，选贤与能，讲信修睦。故人不独亲其亲，子其子；使老有所终，壮有所用，幼有所长；矜、寡、孤、独、废疾者，皆有所养；男有分，女有归；货恶其弃于地也，不必藏于己；力恶其不出于身也，不必为己；故谋闭不兴，盗窃乱贼而不作，外户而不闭，是谓大同。”

这是人类理性和良知的构思，也是人类最高的理想世界。或许，它要经历漫长的岁月以及无数的曲折和种种的劫难，但是，总有一天会实现的。

## 二、理论基础

仿道政治学的理论基础是“道”，是辩证唯物主义，在此基础上，引出五大理念。

（一）唯物主义者认为，物质是宇宙最大的和唯一的存在主体，是天地之始、万物之母。引入人文领域，千千万万黎民百姓是人类最大的和唯一的存在主体，任何政治学都必须首先肯定并予以尊重的存在主体。

以广大人民为核心，爱民为民，珍惜生命，尊重人权是唯物主义者的必然选择。

“圣人常无心，以百姓心为心。”（第四十九章）据此，仿道政治学的实质就是以百姓为核心，广大人民就是仿道政治学的基础，这便是仿道政治学的人本主义。

（二）物质的运动、变化和发展是按规律进行的，绝无例外。因此，国家执政者和主要管理者，必须按事物规律办事，不得越规。这是无为而治的一个主要原则——无妄。“不知常，妄作，凶。”（第十六章）

（三）“…故道生之，德畜之。长之育之；成之熟之；养之覆之。生而不有，为而不恃，长而不宰……”（第五十一章）指的就是物质运动、变化和发展的无私性、无欲性和无争性。引入人文领域，作为仿道政治学的执行者准则，就是无为而治的无私、无欲和无争。

（四）认识和掌握物质运动、变化和发展的辩证规律。“有无相生”（第二章），“祸兮，福之所倚；福兮，祸之所伏……正复为奇，善复为妖……方而不割，廉而不刿，直而不肆，光而不耀……”（第五十八章），这就是“道”的辩证规律，仿道政治学中贯穿着的唯物辩证理念。唯物主义者强调，存在决定意识，物质决定精神。唯物辩证论者更进一步认识到，意识反作用于存在，“反者道之动”（第四十章）是唯物主义基础上的辩证法。

认识辩证法，可以预防执政者思想僵化。

（五）因果规律。“民不畏威，则大威至。无狭其所居，无厌其所生。”（第七十二章）“以道佐人主者，不以兵强天下，其事好还。”（第三十章）“强梁者不得其死，吾将以为教父。”（第四十二章）“天网恢恢，疏而不失。”（第七十三章）有其因必有其果。任何政权，违反广大人民意愿，伤害黎民百姓利益，迟早会自食其果，难逃覆灭之运。这是事物运动、变化和发展的因果规律。

以上述理念，老子的《道德经》结合两千五百多年的历史史实，总结出仿道政治学的“五律”，即人本律、无妄律、无私律、辩证律、因果律。

这五律是仿道政治学的五大理论支柱。五律中，人本律是核心，其他四律是围绕人本律的实施和实现展开的。

## 三、社会关系的认知和定位

人类社会区别于动物群的根本标志是

生产。生产是人类生存与发展的第一个基本条件。从事生产活动的主体是广大人民。从生产关系来确定社会关系，广大人民必然是社会主体。但是，大道废后，私有制产生，生产资料被掠夺和强占，掠夺者和占有者却成为社会的主体，作为真正社会主体的广大人民却成为掠夺者和占有者的奴隶，人权被剥夺，沦为生产资料的附属物，甚至被视为耕作的牲口。仿道政治学认为，这是违背人类社会发展规律的，广大人民永远是人类社会的主体。老子之前两千五百多年的史实显示，凡是不以广大人民作为社会主体的统治，其结果必然是“为者败之，执者失之”（第二十九章）。夏、商、周三代和上千个邦国，最后都是以覆灭而告终。

仿道政治学认为，由于生产资料的占有者只是社会群体的一小部分，他们优势在于拥有生产资料和社会财富。因此，就要求执政者对他们予以制约，“天之道，损有余而补不足”（第七十七章）。以此维护广大人民的利益，防止两极分化。

在仿道政治学中，国家执政者定位为

社会和国家的管理者，是为广大人民办事的办事员。“是以圣人执左契，而不责于人。有德司契。”（第七十九章）“以百姓心为心。”（第四十九章）“知其雄，守其雌……知其白，守其黑……知其荣，守其辱……”（第二十八章）“受国之垢……受国不祥……”（第七十八章）这些统统是说，能为广大人民任劳任怨、忍辱负重、俯首甘为孺子牛者才是圣人，也就是人民最好的办事员。

## 四、四大政治纲领

四大政治纲领是从“道”、从辩证唯物主义引向人文领域的政治纲领，是人类最高的政治纲领，可以作为人类一切政治纲领的基础。

（一）人为本，民为本。人为本是对全人类而言，只要是人，不分肤色、种族、国家、信仰、宗教、贫富和贵贱，他们的生命权、生存权和人格尊严权必须得到维护和尊重。

民为本是对国家而言，广大人民是社会和国家的主体。任何政权都要以广大人民为主体，爱民为民，一切为了黎民百姓。

（二）和为贵，反暴力，反战争。人类生存需要和平环境，人类社会需要和谐，人群相处需要和睦。只有在和平、和谐、和睦的环境中人类才能进步，社会才能发展。人与人之间，如果斗争不已；国与国之间，如果战争连年，受害最大的是黎民百姓。老子总结了之前两千五百多年的执政历史，其结论是“和为贵”。

“知和曰常，知常曰明……”（第五十五章）“是以圣人抱一为天下式。”（第二十二章）“昔之得一者：天得一以清；地得一以宁；神得一以灵；谷得一以盈；万物得一以生；王侯得一以为天下正。”（第三十九章）

“抱一”和“得一”就是和谐共处一体，不是斗争共处一体。

因此，仿道政治学，在国内倡导社会和谐、人群和睦，在国际倡导和平外交、睦邻政策，并将反对战争定为国策。“鱼不可脱于渊，国之利器不可以示人。”（第三十六章）

（三）无为而治。无为就是无私、无

欲、无争、无妄之为。执政者不得以一己之私争权夺利，更不得为“甚欲、不知足、欲得”所驱动而胡作妄为。这不仅是执政者个人需要遵守的准则，也是任何执政团队都要恪守的原则。

《道德经》奠基于实事，扎根于事实，深谙人性中的生存欲、食色欲和尊严欲。这些人类基本人权的正常之欲，必须得到满足和维护；同时，又要得到规范和制约。这就要求执政者和其执政团队必须以身作则，做到“见素抱朴，少私寡欲……”（第十九章）“是以圣人去甚，去奢，去泰。”（第二十九章）“……万物将自化。化而欲作，吾将镇之以无名之朴。镇之以无名之朴，夫将不欲。不欲以静，天下将自正。”（第三十七章）

如果执政者享尽荣华富贵、穷奢极欲，而黎民百姓的基本人权的正常之欲却得不到保证和维护，两者出现剪刀差，那么这个社会和国家必定要出问题。那就是：“大威至”（第七十二章），“民不畏死”（第七十四章），天下就要大乱了。

（四）无不为。“道常无为而无不为。”

（第三十七章）无不为就是无所不为，就是依道行政，将道的行为贯彻到仿道政治学中。

“道生之，德畜之。长之育之；成之熟之；养之覆之。生而不有，为而不恃，长而不宰……”（第五十一章）

这里说得非常清楚，道对万物，是既生之，又无微不至、无所不为地养育和呵护万物。

“道者万物之奥。善人之宝，不善人之所保。”（第六十二章）在此，以道的无所不为启示执政者，认识自己的职责是为广大人民服务的。这个服务是全面的、全方位的、无微不至的。

## 五、对执政者的严格要求

根据对两千五百多年历史的总结，老子认定执政者在人类社会的发展中处于极其重要的地位。他们关系着邦国的兴衰和存亡、社会的安定与动乱，决定着广大人民的生死和苦乐。因此，仿道政治学对执政者的要求是非常严格的。

执政者可以成为圣人，也可以成为暴

君。翻译成现代语言就是，执政者可以成为人民公仆，也可以成为法西斯分子。

“太上，不知有之；其次，亲而誉之；其次，畏之；其次，侮之。”（第十七章）

仿道政治学要求执政者做圣君、明君，且要成为社会的管理员、人民的办事员和服务员。最好的人民服务员就是“太上”，也就是圣人。

“是以圣人执左契，而不责于人。有德司契……”（第七十九章）

执左契和司契，都是指管文书的，这里是代表为人民办事的管家。不责于人，是说“责于己而不责于人”，要求自己尽职尽责，而不是要求人民伺候自己或是奉养自己。

仿道政治学对执政者提出了两项根本要求：

其一，依道行政，其准则是无私、无欲、无争、无妄。

“万物作而弗始，生而弗有，为而弗恃，功成而不居。”（第二章）“生而不有，为而不恃，长而不宰……”（第十章）

其二，与百姓同心，即“圣人常无心，以百姓心为心”（第四十九章）。

这两项总则，要求具体落实在执政者的品质、修养、德性和言行上。通篇《道德经》，几乎处处都在直接或间接地以此告诫执政者；对于关键和要害问题，则不厌其烦地一再嘱咐。今归纳如下，可见一斑。

（一）为天下，要以身相许。“故贵以身为天下，若可寄天下；爱以身为天下，若可托天下。”（第十三章）

（二）为万民办事，要战战兢兢，如临深渊，如履薄冰。“豫兮若冬涉川；犹兮若畏四邻；俨兮其若客；涣兮其若凌释；敦兮其若朴；旷兮其若谷；混兮其若浊。澹兮其若海；飂兮若无止。孰能浊以静之徐清？孰能安以动之徐生？”（第十五章）

（三）为国为民要忍受屈辱。“受国之垢，是谓社稷主；受国不祥，是为天下王。”（第七十八章）

（四）俯首甘为孺子牛。“知其雄，守其雌……知其白，守其黑……知其荣，

守其辱……”（第二十八章）

（五）切忌刚愎自用、妄自尊大。“不自见，故明；不自是，故彰；不自伐，故有功；不自矜，故长。”（第二十二章）

“自见者不明；自是者不彰；自伐者无功；自矜者不长。”（第二十四章）

（六）牢记自己是黎民百姓的办事员、服务员。“……自知不自见；自爱不自贵。”（第七十二章）

“故贵以贱为本，高以下为基。”（第三十九章）

“挫其锐，解其纷，和其光，同其尘。”（第四章、第五十六章）

（七）责任重如泰山，要自爱自重。“重为轻根，静为躁君……奈何万乘之主，而以身轻天下？轻则失根，躁则失君。”（第二十六章）

“企者不立；跨者不行……”（第二十四章）

（八）要有海样胸怀，容人容物。“江海所以能为百谷王者，以其善下之，故能为百谷王。是以圣人欲上民，必以言下之；

欲先民必以身后之。是以圣人处上而民不重，处前而民不害。”（第六十六章）

（九）要听逆耳之言。“信言不美，美言不信。善者不辩，辩者不善。”（第八十一章）

（十）警惕甚欲、不知足、欲得。“罪莫大于甚欲；祸莫大于不知足；咎莫大于欲得。”（第四十六章）

“是以圣人去甚，去奢，去泰。”（第二十九章）

“圣人不积，既以为人己愈有，既以与人己愈多。”（第八十一章）

“五色令人目盲；五音令人耳聋；五味令人口爽；驰骋围猎，令人心发狂……”（第十二章）

“见素抱朴，少私寡欲……”（第十九章）

从仿道政治学对执政者的严格要求可以得出结论：仿道政治学是人民的政治学，是人类理想的政治学，是一切政治学的基础。

# 第五章 坚决反对战争

把坚决反对战争作为导论的一个极其重要的导向，遵循的是《道德经》的原旨和老子的初衷。老子所经历的时代是一个战火连年、民不堪命的年代。就周朝初期到周朝末期的八百多年中，从一千八百多个邦国打到只剩下十几个邦国，平均每年都有两个邦国被消灭。国家被消灭，遭殃最大的是黎民百姓。因此，老子对战争深恶痛绝，其愤慨之情在《道德经》中溢于言表，并以重墨点出。

## 一、战争是残害人类最大的罪恶行径

“师之所处，荆棘生焉。大军之后，必有凶年。”（第三十章）

“天下无道，戎马生于郊。罪莫大于甚欲；祸莫大于不知足；咎莫大于欲得。”（第四十六章）

“夫兵者，不祥之器。物或恶之，故有道者不处……胜而不美，而美之者，是乐杀人。”（第三十一章）

战争夺走当时人口中三分之一的生命，而且都是青壮年。

“……动之于死地，亦十有三。夫何故？以其上生之厚。”（第五十章）“其上生之厚”，是指统治者欲壑难填，为了满足他们的权欲争霸主、争疆土、争资源、争财富，他们不惜驱赶千百万青壮年上前线为其流血捐躯。这造成多少白发娘望儿归，望眼成穿；又有多少红妆守空帷，泣血通宵！

## 二、绝不发动战争

这是中华民族先哲对后人一再提出的谆谆教诲。“鱼不可脱于渊，国之利器不可以示人。”（第三十六章）这就是说，人类生存需要和平环境，就像鱼只能生活在水中，离开水就要死亡。国家拥有强大的国防力量，只能用于捍卫疆土，保护人民，绝不可以示人以武力，也就是绝不可以发动战争，发动战争就像鱼脱离了水，是找死。

先哲进一步告诫后人，千万不要因一时冲动而动战争之念，要做到一让再让。

战争是不得已之选择。忍无可忍，一旦开战，就要“哀兵必胜”，绝对要战胜敌人。

“古之善为士者，不武。善战者，不怒；善胜敌者，不与……”（第六十八章）

“用兵有言：吾不敢为主，而为客；不敢进寸，而退尺。……故抗兵相若，哀者胜矣。”（第六十九章）

## 三、强化国防力量，建立和平堡垒

老子在《道德经》中，又谆谆教导后人：敌人是客观存在，和平是祈求不来的。

“祸莫大于轻敌，轻敌几丧吾宝。”（第六十九章）老子警告后人，要时刻警惕着敌人来袭，千万不能麻痹大意；否则，黎民百姓的身家性命和赖以生存的家园就会遭殃，甚至毁于一旦，连以“慈”为首的“三宝”（第六十七章）也将荡然无存。

强化国防力量，建立和平堡垒，为的是捍卫国土，维护国家主权，保护黎民百姓。

“善建者不拔，善抱者不脱，子孙以祭祀不辍。”（第五十四章）这是强调必须建造坚不可摧、牢不可拔的御敌防线。

凡我民族都要同心同德，生死相抱，永不相脱，以此形成壮志成城的精神堡垒。这样，才能保我民族生生不息，繁衍不辍。

“是谓行无行；攘无臂；扔无敌；执无兵。”（第六十九章）这是要求国防力量要强大到具有不战而屈人之兵的态势。“守，则藏之于九地之下，攻，则动之于九天之上。”（孙子语）备战是为不战，强化国防力量是为了维护世界和平。

# 第六章
# 人类第一部人权宣言书

老子的《道德经》这部人权宣言书，是以特殊标题和特殊形式发表的。两千多年之后，仍然具有震撼人心的时代意义。对那些高喊人权却又不断发动战争的国家和政党，如果他们还有人类理性和良知，他们将何颜以对，情何以堪！

这部宣言书的深处，存留着人类早已干枯的泪斑和血迹。

## 一、小国寡民

这个标题或是开头语，它的真实解释应该是：青壮年都战死了，只剩下幼小的孩子和孤寡老人。这些残存的寡民呼唤要一块立脚的土地，这块立脚的土地就是小国。“小国寡民”这个特殊的标题，听起来似乎有家的温馨，谁知其内涵却是如此凄清啊。

## 二、人类的基本人权

珍惜生命，让人类能够生存下去，让

人类拥有应有的尊严，这是人类最基本的三大权利。简言之，就是生命权、生存权和人格权。

“小国寡民”，通篇只有七十一个字，然而，言简意赅，全部概括了人类最基本的三大人权诉求。

## 三、反对战争

战争是毁灭人权最凶恶的敌人。战争一起，人权便会荡然无存。它不仅夺走生命，摧毁人类赖以生存的家园，而且会最野蛮地践踏人类的尊严。“小国寡民”的第一句话就是“使有什佰之器而不用”（第八十章）。什佰之器就是古时用于战争的装备，需要几十人，甚至上百人才能操作的战争工具。使其不用就是不得再有战争。后面又强化一句，“虽有甲兵，无所陈之”表示坚决制止战争。

最后一句是“邻国相望，鸡犬之声相闻，民至老死，不相往来”。这是反言若正的表达方式。其真正的意思是，宁愿老死不相往来，也不愿因有往来而有战争。这是人类深恶痛绝战争的心态描述。只有经受战争蹂躏的人，才会含着眼泪说这样的话。

## 四、人权高于一切

这里又是用反言若正的表达方式。“使民复结绳而用之”是血泪之言。只有饱经苦难的人，才能感受到这句话是如此的沉重。它是说，如果人类的基本人权受到践踏，连生命都保不住，那么，什么物质文明、精神文明都是废话，毫无意义。人们宁愿回到结绳记事的原始时代，在有人的尊严的前提下在与野兽搏斗中享受天年。

## 五、维护人类赖以生存的家园

第三句话“使民重死而不远徙。虽有舟舆，无所乘之……”是说，确保黎民百姓有安身立命、可以老死相守的地方，不再颠沛流离、四处逃亡，虽有车马舟船也就没有用处了。

## 六、民生第一

“甘其食，美其服，安其居，乐其俗。”仅仅十二个字却概括了人类最基本的生存诉求，也就是人类最需要得到尊重的人权。

“甘其食，美其服”，指让人民吃饱

穿暖，还要尊重他们自身的爱好。

“安其居”，指让人民居有其所，耕有其田。

“乐其俗”，指尊重人民的风俗、习惯和信仰自由。

以上是人类最原始的人权诉求，也是人类最基本的人权诉求。这是站在全人类的立场上，不分肤色、不分种族、不分宗教、不分信仰、不分贫富、不分地域的普世人权，是一切人权的基础。任何其他人权只能在此基础上添加，不得越过这个基础。如果连人的性命都可以随便杀戮，人类赖以生存的家园都可以随便摧毁，人类基本的尊严都可以随便侮辱，置此人权而不顾却大谈什么言论自由、出版自由、集会结社自由，并且还认为这是现代文明的神圣人权，难道不觉得荒唐可笑吗？时至今日，世界上这样的政府、这样的政客依然存在。因此，两千五百多年前，人类的第一部人权宣言书仍然具有强烈的时代意义和现实价值。

# 各论

# 第一章 道可道

道，可道，非常道。名，可名，非常名。无名，天地之始；有名，万物之母。故常无，欲以观其妙；常有，欲以观其徼。此两者，同出而异名，同谓之玄。玄之又玄，众妙之门。

【论述】

继承三皇五帝和夏、商、周三代之“道”以及诸子百家之“道”，取其名，不取其实，进行彻底的脱胎换骨。以“有物混成”之“物”，作为“道”的核心，使“道”成为“有物混成，先天地生，寂兮寥兮，独立而不改，周行而不殆，可以为天地母”（第二十五章）的哲学概括和代名词。

“道，可道”，是说“道是可知、可以说清楚的”。

“非常道”，是说“道的永恒部分是无法知道和不可知的，也是说不清楚的”。

上述两种说法，是辩证的说法，是物质存在的真实状况和正确表达。这样说法，排除了机械唯物论和形而上学对唯物论可能产生的种种干扰和混淆。

“名，可名”，是说“存在的物质是可以命名和名状的”。

“非常名”，是说”物质的永恒部分却是难以命名和名状的”。

上述两种说法，也是辩证的说法，符合现代科学的观点。以“光”为例，名之为电磁波，是光波，有干涉、衍射、偏振和光速，但是光又是粒子，在黑体辐射和光电效应中，光又显示其微粒性，这就是物质永恒部分说不清楚和难以命名的状况。

无法名状之物——无，是天地之始；可以名状之物——有，是万物之母。结论是“天地万物都源于物质”。

从无法名状的“无”中，可以观察物质变化的奥妙；从可以名状的“有”中，可以观察物质变化的来龙去脉。

可道，不可道，可名，不可名，有和无，有名和无名，都源于永恒之道，同出而异名。这就是道的玄妙、深奥之所在。





## 第二章　美之为美

天下皆知美之为美，斯恶已。皆知善之为善，斯不善已。有无相生，难易相成，长短相形，高下相盈，音声相和，前后相随，恒也。是以圣人处无为之事，行不言之教；万物作而弗始，生而弗有，为而弗恃，功成而弗居。夫唯弗居，是以不去。

【论述】

本章似乎是在揭示事物的相对性和辩证性。但是，深入地去探索和理解，不难看出，其真实的意思是说“大道之行也，天下为公，选贤与能，讲信修睦”的大道是多么美，多么善，天下人都是这样认为的呀！看看现在，“大道废，斯恶已，斯不善已”。

中间插上一段，“有无相生，难易相成，

长短相形，高下相盈，音声相和，前后相随”等事物变化的辩证规律，并认为这是永恒的规律——恒也。

最后一段是接第一段的，希望回归到“大道之行”的圣人之治。“是以圣人处无为之事，行不言之教，万物作而弗始，生而弗有，为而弗恃，功成而弗居，夫唯弗居，是以不去。”希望圣人之治，能天长地久地存在下去。

## 第三章　不尚贤

不尚贤，使民不争；不贵难得之货，使民不为盗；不见可欲，使民心不乱。是以圣人之治，虚其心，实其腹，弱其志，强其骨。常使民无知无欲，使夫智者不敢为也。为无为，则无不治。

【论述】

这里的“尚贤”具有一定的贬义之意，

不同于“大道之行也，天下为公，选贤与能”中的尚贤，而是统治者以官位和荣华富贵为诱饵，寻觅为其统治服务的忠实奴仆。所以，“尚贤”和“贵难得之货”“见可欲”并列，这些都是引起社会争名夺利、行窃偷盗、作奸犯科的原因。

所以圣人之治，要使人民具有清心寡欲的精神面貌，吃饱穿暖、安居乐业的生活环境，身强体壮，没有压迫和压力，也就不会有铤而走险和非分之志。

百姓没有尔虞我诈、巧伪作奸之智，也没有永无满足之欲，所谓智者，也就不敢无事生非、故弄玄虚了。

圣人无私、无欲、无争、无妄之治，天下就会长治久安。

## 第四章 道冲

道冲，而用之或不盈。渊兮，似万物之宗。挫其锐，解其纷，和其光，同其尘。

湛兮，似或存。吾不知谁之子，象帝之先。

【论述】

道是如此庞大浩渺、似有若无，却又是万物之根源。衣养万物，包容一切，充之而不满，用之而不竭。

爱民治国者要想修道，融入道中就要做到以下几点：

挫其锐：就是要铲除锐气。何谓“锐”？“锐”就是自命不凡，盛气凌人，刚愎自用，目中无人。

解其纷：纷者，心中之纠纷也，也就是统治者心中的“甚欲”“不知足”和“欲得”。这些权欲、名欲、利欲和个人的种种物欲和私欲集结在一起形成的纠纷，必须予以解决和清除。

和其光：如果统治者头上有耀眼的光环，就要去掉这个耀眼的光环，融合到“其上不皦，其下不昧”（第十四章）的道之光中。其真实意思是说统治者不要神化自己，要去掉自己头上的光环，把它融合到道的纯朴中去。

同其尘：统治者要自爱，不自贵，要像尘埃归土一样，和黎民百姓共存一体。

“道”是如此幽深莫测，似有若无，我不知道它是生于何处，只知道它是“先天地生”，早就存在了。这是强调：物质是宇宙之源，万物之母，是先于一切存在的自然主体。

## 第五章　天地不仁

**天地不仁，以万物为刍狗；圣人不仁，以百姓为刍狗。天地之间，其犹橐龠乎？虚而不屈，动而愈出。多闻数穷，不如守中。**

【论述】

“天地不仁”这是唯物主义者的语言。天地源于物质，是物质按规律发展的产物。天地没有意识，更没有神和人的意识。仁者，人也，人有思想、感情，有善有恶，有爱有憎；天地则无，天地是物质存在的一种形式。

天地生万物，生生不息，绵绵不绝，既不据为己有，也不要求歌颂。“刍狗”的意思是可爱的幼小生物，需要抚养和呵护。

“圣人不仁”是效法天地，天地无善、无恶、无爱、无憎，更没有人性的私和欲。圣人把百姓看成是需要精心养育和呵护的幼小生命。

取类比象，以风箱的原理揭示动与静、虚与实的关系，并以此说明风箱中有视之不见、听之不闻、搏之不得的无状之状、无物之象的物质。

“多言数尽，不如守中”是对统治者说的，好话说尽，不如守住诚信之心，以无言之纯朴示之于黎民百姓。

# 第六章　谷神

谷神不死，是谓玄牝。玄牝之门，是谓天地根。绵绵若存，用之不勤。

【论述】

本章是对物质世界的描述，是唯物论的一个重要组成部分。“有物混成”之物共存于一个空间，没有空间，就没有物质；没有物质的存在，空间就无从认识，也无法认识。

“谷”，表示虚空（空间），以“神”表示玄妙莫测，以“不死”描述这个玄妙莫测的空间是不生不灭、永恒存在的。整个句子是说：永恒的、玄妙莫测的空间是宇宙的母体（是谓玄牝），天地之根源，万物源源不绝地生于斯，复归于斯，永不停歇。

本章与第四章的“道冲，而用之或不盈。渊兮，似万物之宗”， 第十四章的“绳绳兮，不可名，复归于无物”， 第二十五章的“强为之名，曰大。大曰逝，逝曰远，远曰反”一起研究，将会更清晰地理解老子唯物论的真谛。







## 第七章　天长地久

**天长地久。天地所以能长且久者，以其不自生，故能长生。是以圣人后其身而身先，外其身而身存。非以其无私邪？故能成其私。**

**【论述】**

天地生万物，养万物，生而不有，为而不恃，功而不居，长而不宰，不为自己而生，所以天地可以长久。

圣人有鉴于此，为天下而不为自己，先天下而后自己，存天下而外自己。因此，只有为天下舍身奉献的人，才能获得生命的永生。这就是圣人舍一己之私，成就为万民谋福祉的大私。

# 第八章　上善若水

上善若水。水善利万物而不争，处众人之所恶，故几于道。居善地，心善渊，与善仁，言善信，政善治，事善能，动善时。夫唯不争，故无尤。

【论述】

最好的执政者就和水一样，水利万物，滋养万物，却一无所争；水又是清洗污秽，涤除垢渍，接纳人人讨厌的恶臭烂淤而无恨无怨。水的品质几乎和道一样，为而不恃，功而不居。

执政者真正做到像水一样就要：

处低位（居善地）；

利民之心（心善渊）；

与人为善（与善仁）；

取信于民（言善信）；

清正廉明（政善治）；

竭忠尽智为民办事（事善能）；

如春风化雨及时滋润万物一样呵护人

民（动善时）。

执政者只有不为自己争权、争利、争名、争享受，才能不伤害百姓，不发生过失（故无尤）。

## 第九章　功遂身退

**持而盈之，不如其已。揣而锐之，不可长保。金玉满堂，莫之能守。富贵而骄，自遗其咎。功遂身退，天下之道。**

【论述】

本章是在劝诫当政者和管理者：不要贪婪，不要霸道，不要暴敛，不要刚愎自用！水满则溢，月圆则缺，皎皎者易污，桡桡者易折。“持而盈之”，可以休矣，以强权、强势、强威压人者、欺人者，必自取其咎，难逃灭顶之灾。

根据上述之鉴，劝告所有的成功者，千万不要居功，居功之位，对己对人都是危险之位，绝非可居之地。惨痛的历史教训必须汲取、牢记！最佳的选择是：成功之后，后退一步或归零处理，这就是按照事物发展的规律行事，可保身家性命和国家长治久安。

## 第十章　载营魄抱一

载营魄抱一，能无离乎？专气致柔，能婴儿乎？涤除玄鉴，能无疵乎？爱民治国，能无为乎？天门开阖，能为雌乎？明白四达，能无知乎？生而不有，为而不恃，长而不宰，是谓玄德。

【论述】

这是对统治者提出的。

“载营魄抱一，能无离乎？”

内心和外表能一致吗？是不是貌合神离，内心一套，外表又是一套呢？

“专气致柔，能如婴儿乎？”

专心致志于治国平天下，能像婴儿那样赤诚无邪吗?

“涤除玄鉴，能无疵乎?”

反省自己，是不是还有私心杂念和非分之想呢?

“爱民治国，能无为乎?”

爱民治国，是不是能做到无私、无欲、无争、无妄的无为之治呢?

“天门开阖，能无雌乎?”

灯红酒绿，轻歌曼舞，十里皇都，香风四溢，是不是还能守住你那一块洁净的心灵?

雌者，宇宙之母，清净虚空，圣洁无邪。（参阅第六章）

“明白四达，能无知乎?”

光明磊落，远达四方，是不是杜绝了阴谋诡计、巧伪奸诈?

治国之道，在于让人民衣食无忧、安居乐业，这就要求执政者能任劳任怨，为而不恃，功而不居，长而不宰。这就是最高的德政（是谓玄德）。

# 第十一章　无为用

三十辐，共一毂，当其无，有车之用。埏埴以为器，当其无，有器之用。凿户牖以为室，当其无，有室之用。故有之以为利，无之以为用。

【论述】

老子以极为平凡的事物，论证和说明深奥的哲学原理。

车轮之为用，在于中心接受轴承的虚空空间；

茶壶之为用，在于壶内的虚空空间；

房屋之为用，在于房屋里的虚空空间。

由此，形象地说明："有"之以为器，"无"之以为用。

这是一则唯物认识论落实在实事上、扎根在事实里的典型范例，同时又阐述了"有"和"无"的辩证关系。

# 第十二章　五色

**五色令人目盲；五音令人耳聋；五味令人口爽；驰骋围猎，令人心发狂；难得之货，令人行妨。是以圣人为腹不为目，故去彼取此。**

【论述】

五颜六色令人眼花缭乱，鼓乐喧天震耳欲聋，山珍海味鲜美得令人失去味觉。封建社会的统治者享尽荣华富贵，按时还要出动大批人马，旌旗招展，前呼后拥，驰骋狩猎，何等威风！何等刺激！其穷奢极欲，都发展到疯狂的地步。几曾想到饥肠辘辘、衣不蔽体的黎民百姓！

所以，圣人治国，首先考虑的是民生问题，让老百姓吃饱穿暖，而不是声色之乐，这就是圣人的选择。

# 第十三章　宠辱

宠辱若惊，贵大患若身。何谓宠辱若惊？宠为下，得之若惊，失之若惊，是谓宠辱若惊。何谓贵大患若身？吾所以有大患者，为吾有身，及吾无身，吾有何患？故贵以身为天下，若可寄天下；爱以身为天下，若可托天下。

【论述】

宠辱若惊，宠也惊，辱也惊。人们将宠辱看得如此之重。即使被人宠爱是处下，有损尊严，人们还是把受宠视为至关重要的事情。这是因为宠辱关系到自身的存在和自己的身家性命。实际上，人们最最关心的是自身的存在和自己的身家性命。如果没有自身的存在和自己的身家性命，什么宠什么辱就毫无意义了。

老子拐了一个大弯，拿上述宠辱说事。如果执政者能把天下、天下大事、天下苍生视作自身的存在，看成是自己的身家性命，成为自己最最关心的“大患”，那么，人们便可以大胆放心地将天下交给这样的执政者了。







## 第十四章　视之不见

视之不见，名曰夷；听之不闻，名曰希；搏之不得，名曰微。此三者，不可致诘，故混而为一。其上不皦，其下不昧，绳绳兮，不可名，复归于无物。是谓无状之状，无物之象，是谓惚恍。迎之不见其首，随之不见其后。执古之道，以御今之有。能知古始，是谓道纪。

【论述】

这里着意提出“视之不见，名之曰夷，听之不闻，名之曰希，搏之不得，名之曰微”。三者都是以人的感官来描述物质世界。看不见，听不到，摸不着，都是以人的感官来划分物质世界，所以，感官标准的狭义性和相对性是不言而喻、显而易见的。这是彻底唯物论者的高见卓识。

这个看不见、听不到、摸不着的物质世界是一个难以分说的统一体。这个统一体，不光不暗，“其上不皦，其下不昧”，幽深莫测，无法名状，可以视之为无物。“绳绳兮，不可名，复归于无物”就是无状之状、无物之象，就是“恍惚”之谓。它，随之不见其后，迎之不见其首。

根据已经掌握的事物规律，可以驾驭现在事物的发展，前知后验，前识后用，一以贯之，这就是“道”之纲纪、“道”的可用规律。

## 第十五章　善为道

古之善为道者，微妙玄通，深不可识。夫唯不可识，故强为之容：豫兮若冬涉川；犹兮若畏四邻；俨兮其若客；涣兮其若凌释；敦兮其若朴；旷兮其若谷；混兮其若浊；澹兮其若海；飂兮若无止。孰能浊以静之

**徐清？孰能安以动之徐生？保此道者，不欲盈。夫唯不盈，故能敝而新成。**

【论述】

本章起句似为“古之善为道者，微妙玄通，深不可识”解谜，实则是叙述圣人爱民治国的艰辛和欢乐，并形象地描绘圣人是如何战战兢兢、如临深渊、如履薄冰和苦心孤诣、夙夜匪懈、任劳任怨、鞠躬尽瘁的情景。二千五百多年来，都认为老子的无为之治是返璞归真，是顺其自然，甚至是什么也不做，深读本章，就会感到这是大错特错。无为之治是圣人操碎了心换来的，以下的情景就是写照：

寒冬过河，不论是涉水或是履冰，其情其景；

陷于困境，四面皆敌，其危其险；

作客人家，众目睽睽，一举一动；

为国为民解决了重大问题，犹如坚冰融化，压心之石落地，何其舒畅；

以赤诚纯朴之心和虚怀若谷的胸襟对

待黎民百姓，又何其潇洒超脱；

国事民事，纷烦如浊水，能够不厌其烦，日夜操劳，冷静处理，逐步予以厘清；

人们不理解，不认识，不配合，能够耐心说服，耐心地等待着他们的觉悟和行动！

圣人还得密切注视着事物的发展、政策的实施，掌握火候，不能过度，不能极端。物壮则老，物极必反，壮极必敝。敝者，衰败之始也。圣人识之，所以不得不改革创新，是谓“敝而新成”。

## 第十六章　致虚极

致虚极，守静笃。万物并作，吾以观其复。夫物芸芸，各复归其根。归根曰静，静曰复命。复命曰常，知常曰明。不知常，妄作凶。知常容，容乃公，公乃正，正乃天，天乃道，道乃久，没身不殆。

【论述】

去掉权、名、利、物之欲，排除一切内外干扰，达到清净虚无的状态（“致虚极”）。坚守深沉宁静，隔绝一切情感和情绪的影响，犹如一潭静水（“守静笃”）。这样，才能真实地观察事物，认识事物，如实地反映事物。

万物生、长、壮、老、消亡，生生不息。经过反复观察、反复验证，可以掌握其规律。

万物是在周而复始的生息循环中发展的，经过生的过程，又回归到它原始之根的虚无母体。回归到母体，好像是“静息”了，其实是再度回到运动、变化和按规律发展的永恒之道中，这就是“复命”。“复命”就是回归到永恒之道。永恒之道就是“常”。知道永恒之道，可以说是达到高于智慧的“明”了，“知常，明也”。

知道事物发展永恒规律的人，就不敢妄为，不敢随心所欲。妄为和随心所欲，其结果是凶恶的“妄作，凶”。

这里将“知常”视为悟道，看作真正

掌握了“道”的真谛，掌握了“道”的真谛就像进入了浩渺无垠的太空，可以包容宇宙万物，光明磊落，大公无私，生而不有，为而不恃，功而不居，长而不宰。这样，就和天、道、自然融为一体，终身不殆。

## 第十七章　太上

太上，不知有之；其次，亲而誉之；其次，畏之；其次，侮之。信不足焉，有不信焉。犹兮其贵言。功成事遂，百姓皆谓：“我自然。”

【论述】

老子将执政者治理国家分为四类。

（一）太上之治：是理想之治，以“道”之属性为准则：生而不有，为而不恃，功而不居，长而不宰。人民只见日月经天、四时运转、雨露普施、万物并作，却察觉不到执政者的存在。

(二) 明君之治：能重视人民的疾苦，不欺民，不扰民；老百姓愿意亲近他们，赞誉他们。

(三) 严刑峻法之治：老百姓只是畏惧他们。

(四) 暴政虐民之治：百姓在残酷的统治下只能诅咒他们。

统治者怎样对待百姓，百姓自然会产生不同的反应，这就是“信不足焉，有不信焉”。

太上之治，谨言慎行，生怕伤害百姓，功成事遂，退让为主，百姓不知道他的存在，都说我们自然就这样呀。

## 第十八章　大道废

大道废，有仁义；智慧出，有大伪；六亲不和，有孝慈；国家昏乱，有忠臣。

【论述】

本章是老子阐述阶级的产生和统治阶

级形成后的“仁、义、礼、智、信”。读懂本章就等于认识了已经打上阶级烙印的“仁、义、礼、智、信”，就容易接受以下观点了。

“绝圣弃智，民利百倍；绝仁弃义，民复孝慈；绝巧弃利，盗贼无有。”（第十九章）

“以智治国，国之贼；不以智治国，国之福。”（六十五章）

何为“大道”？最古老的阐述是“大道之行也，天下为公，选贤与能，讲信修睦，故人不独亲其亲，子其子……”。“大道废”，原来是天下者天下人之天下也，变成天下者皇帝一个人之天下也；“普天之下莫非王土，率土之滨莫非王臣”；“君叫臣死，臣不得不死”；“大人（王侯大公）世袭以为礼”。周朝皇帝自称是“天之元子，君临天下”。裂土封侯时，主要封给周氏宗族。

国家属于皇帝一个人的，同族成为贵族，官员成为管家，百姓成为奴隶，所谓“刑不上大夫，礼不下庶民”（《礼记·曲礼》）。这时候讲道德，说仁义，其虚伪性和欺骗性，不是昭然若揭了吗？同样，这时的“智慧”也就成为虚伪奸诈的源泉和集阴谋诡计之大成。整个社会伦理颠倒、六亲不和，这时出现了许多调和君臣、父子和夫妇关系的孝子贤孙。皇帝暴虐，国家昏乱，管家们忧心忡忡，冒死进谏劝说，这样，就出现了许多耿耿忠臣。

## 第十九章　绝圣弃智

绝圣弃智，民利百倍；绝仁弃义，民复孝慈；绝巧弃利，盗贼无有。此三者以为文，不足。故令有所属：见素抱朴，少私寡欲，绝学无忧。

【论述】

本章和第十八章，是老子站在唯物主义立场，以辩证的观点，对奴隶制社会、封建制社会的上层建筑和意识形态，进行实事求是的揭示和尖锐的批判。

老子直截了当地指出：什么圣贤、智慧、仁义、道德，统统是骗人的把戏，是坑民、害民、破坏社会伦理、造成逼良为盗的社会根源。这些遮羞布不足以文饰他们罪恶的本质。

真正可以使天下归心的是，执政者的真诚纯朴和少私寡欲之德行。用现代的语言来说，就是要改变根本立场，要“以百姓心为心”（四十九章）。

所以，不学这些欺世盗名、巧伪奸诈之学，天下反而平安无事了，“绝学无忧”。

## 第二十章　唯之与阿

唯之与阿，相去几何？美之与恶，相去若何？人之所畏，不可不畏。荒兮，其未央哉！众人熙熙，如享太牢，如春登台。我独泊兮，其未兆；沌沌兮，如婴儿之未孩；累累兮，若无所归。众人皆有余，而我独

**若遗。我愚人之心也哉。俗人昭昭，我独昏昏。俗人察察，我独闷闷。众人皆有以，而我独顽且鄙。我独异于人，而贵食母。**

【论述】

本章是老子真实心情的描绘，用词谦卑，幽默自嘲。

第一部分是说，自古以来士大夫社会或是贵族社会的人们，对个人的荣辱、浮沉、毁誉看得如此之重，达到人人皆畏、不得不畏的地步。老子言下之意，自己视之若浮云。

第二部分是老子倾诉自己忧心忡忡的心情，牵挂着苦难的黎民百姓，念念不忘圣人之治，大道之行。见到人们熙熙攘攘，争权夺利，如赴盛宴，如春登台，而自己却心无归处、食不甘味、昏昏闷闷的状态。

但是，老子最后表示，为道之心，坚定不移，一息尚存，永矢弗谖，“我独顽且鄙……我独异于人，而贵食母”。食母者，天下苍生之生计也。

# 第二十一章　孔德之容

孔德之容，惟道是从。道之为物，惟恍惟惚。惚兮恍兮，其中有象；恍兮惚兮，其中有物；窈兮冥兮，其中有精；其精甚真，其中有信。自今及古，其名不去，以阅众甫。吾何以知众甫之状哉？以此。

【论述】

“德”在这里应解释为“道”的物质本性，这是根据“道”的物质基础“有物混成”之“物”而言的，所以是指物质的本质属性。

本章在唯物论的本体论中具有极其重要的意义。对于宇宙来说，它是物质的，不论是推导或是假设的。老子都是极其严肃和慎重地围绕着“物”的存在展开的，丝毫没有掺进任何“意识的主宰”、神的存在、上帝的旨意或是“绝对精神”等成分。

首先指出，物质存在的母体是一个虚无的统一体。“道之为物，惟恍惟惚”，就是说物质是存在于“恍惚”的统一体中。什么是“恍惚”？第十四章已作描述：“其上不皦，其下不昧，绳绳兮不可名，复归于物。是谓无状之状，无物之象，是谓惚恍。”这是说，这个统一体是不光不暗、幽深莫测，可以视之为无状之状、无物之象的一种物质存在的形式，这就是空间。

空间是物质，物质存在于空间。在幽深莫测的空间中，存在着“象”“物”“精”“信”。何为“象”“物”“精”“信”？它们是物质存在的几种形式。根据科学的发展，人类知识的扩展和认识的深化，将会有更确切的答案，这里暂将其归纳为以下三点。

（一）“象”，形也，物，质也，两者表示物质基本质量的存在，如原子、粒子、夸克等。

（二）“精”，传统认为，练精化气，气者，动也，气之本为精。所以，“精”可以理解为能量。

（三）“信”，可以理解为物质运动规律的可信性。物质的运动是规律之动，不是乱动，其动是可以期待的，是守信的。

以上三点，可以和现代科学接轨。这与德模克利特（Demokritos 约BC460—BC370）的“原子论”、与现代科学有些相似。但是，老子之说具有更高的哲学概括，并且是开放的，具有更大的发展空间。

最后强调，物质的根本，是恍惚的统一体（空间），象与物（质点）、精（能量）和信（规律的可信性），这就是物质永恒的存在的本体。根据这个观点，可以认识万物的根源，“以阅众甫”。

## 第二十二章　曲则全

曲则全，枉则直，洼则盈，敝则新，少则得，多则惑。是以圣人抱一为天下式。不自见，故明；不自是，故彰；不自伐，故有功；不自矜，故长。夫唯不争，故天下莫能与之争。古之所谓“曲则全”者，岂虚言哉！诚全而归之。

【论述】

本章形象而具体地阐述了事物运动中的辩论规律。

以曲求全，知枉可以纠正，处洼可以纳物，识凋敝可以创新，积少可以成多，积多可以致烦惑。圣人处虚、处谷、后身、外身、无私、无欲、无争、无妄，与万民和于一体（抱一），可以为天下楷模。

洞悉事物发展的人，有自知之明，这对爱民治国者来说非常重要。身居高位，切忌刚愎自用（自见）；即使是功劳盖世，也不要以救世主自居（“自伐”“自矜”），这样才能久长。后其身，外其身，无私，无欲，无争，按事物发展规律办事，天下莫能与之争。

圣人委屈自己以成全天下（“曲则全”），这不是虚言，而是一则原理。

# 第二十三章　希言自然

希言自然。故飘风不终朝，骤雨不终日。孰为此者？天地。天地尚不能久，而况于人乎？故从事于道者，同于道；德者，同于德；失者，同于失。同于道者，道亦乐得之；同于德者，德亦乐得之；同于失者，失亦乐得之。信不足焉，有不信焉。

【论述】

世界上任何力量都大不过大自然，而大自然的暴风骤雨却是短暂的，超不过一早一晚。老子以此警示：暴力是不会持久的。这是规律，是事实，是历史的总结。

按事物的规律办事，事物规律就会帮助你，成全你——“同于德者，德亦乐得之”。失德者，就是失去规律，鱼离开水，就是活不成。

办一切事情都是这样：你不诚信对待人家，人家也不会诚信对待你——“信不足焉，有不信焉”。

# 第二十四章　企者不立

企者不立；跨者不行；自见者不明；自是者不彰；自伐者无功；自矜者不长。其在道也，曰：余食赘形，物或恶之，故有道者不处。

【论述】

踮脚远眺，既站不稳，又看不远；跨步而行，既费力，又不持久，难成千里之行。还是要站稳脚跟，循序渐进，不要好高骛远，欲速不达。

自逞其能，处处表现自己者，虽智不明；自以为是，刚愎自用者只能坏事，不能彰显事业；居功自傲者，必毁大功；妄自尊大者，难以久长。这些与为道者的生而不有，为而有恃，功而不居，长而不宰相比，就像残羹剩饭、赘物秽形一样，讨人厌恶，为有道者所不取。

# 第二十五章　有物混成

有物混成，先天地生。寂兮寥兮，独立而不改，周行而不殆，可以为天地母。吾不知其名，强字之曰道，强为之名，曰大。大曰逝，逝曰远，远曰反。故道大，天大，地大，人亦大。域中有四大，而人居其一焉。人法地，地法天，天法道，道法自然。

【论述】

本章是辩证唯物论的核心篇章。

本章明确指出，宇宙万物是物质的，它是从“有物混成”开始，而不是从“理性”“绝对精神”或是“梵天”“上帝”“造物主”开始。物质是第一性，是宇宙万物的本体，先天地而生的。两千五百年多前的八个字“有物混成，先天地生”，论断了哲学史中长期存在物质与精神关系的争议。

物质世界是“有物混成”的独立统一体，“寂兮寥兮，独立而不改”。这个独立统一体，不因任何力量的作用而改变，也没有任何外在力量可以改变它，这就是物质世界的一元论。

但是，物质又是“有物混成”的，是诸多因子的混合体。所以，物质世界，既是一元的统一体，又是多元的混合体。这些多元之因子，各有各的属性，相辅相成，互可转变，却又不可分离。这就是辩证唯物论认识物质世界的一元论和多元论的辩证关系。

物质是运动的，永恒运动的，并且，不是直线运动而是带有往复性的运动——“周行而不殆”。

这个作为天地之始、万物之母的“有物混成”之物，老子将其命名为“道”。

老子不知道如何名状这个“道”，只得勉为其难地名之曰：大，道之大，大到无边，小到无小；逝，流逝，运行不息地流逝；远，流逝延伸到无限远处；反，延伸到无限远处，似乎又回到原点，重新开始。

“道”是如此之大，其所生的天也大，地也大，人也大。这里需要解释的是，人之所以“也大”，是因为人类的出现是物质高度发展的结果。其发展流程是：自然—道（有物混成）—天—地—人。人是“大器晚成”，精神的出现则是在人类出现之后的事了。

## 第二十六章　重为轻根

重为轻根，静为躁君。是以君子终日行不离辎重。虽有荣观，燕处超然。奈何万乘之主，而以身轻天下？轻则失根，躁则失君。

【论述】

重可以制轻，静可以驭躁，千里之行，不离食用的辎重相随，以此说事。

身居高位，满眼荣华富贵，一定要稳重、冷静，淡然处之。

奈何万乘之国的君王，玩世不恭，轻浮放荡，随心所欲，视天下为儿戏，其失身、失位、失国必矣。







## 第二十七章　善行

善行，无辙迹；善言，无瑕谪；善数，不用筹策；善闭，无关楗而不可开；善结，无绳约而不可解。是以圣人常善救人，故无弃人；常善救物，故无弃物。是谓袭明。故善人者，不善人之师；不善人者，善人之资。不贵其师，不爱其资，虽智大迷。是谓要妙。

【论述】

本章中老子以“道”为内容命出五大考题，让后人解答其所指。题名分别是善行、善言、善数、善闭和善结。两千五百多年来，后人似乎没有理会，也未曾有人解答，本导论试之。

善行，无辙迹；

解：日月经天之行，哪里有辙迹？

善言，无瑕谪；

解：自然希言为无言之言，何来瑕谪？

善数，不用筹策；

解：天文历谱，准确无误，未用筹策。

善闭，无关楗而不可开；

解：高天厚地，并无关楗，谁能打开？

善结，无绳约而不可解。

解：树木年轮，为岁月之结，无人可解。

圣人治理天下，按事物发展的规律，人尽其才，物尽其用，天道所生，各得其所，何来弃人弃物？

行善者众人之师，犯错者众人之鉴。尊重善行之师，不忘犯错之鉴，这就是为人、为事、为民、为国的秘诀。

## 第二十八章　知雄守雌

知其雄，守其雌，为天下溪。为天下溪，常德不离，复归于婴儿。知其白，守其黑，为天下式。为天下式，常德不忒，复归于

**无极。知其荣，守其辱，为天下谷。为天下谷，常德乃足，复归于朴。朴散则为器，圣人用之，则为官长。故大制不割。**







【论述】

知雄守雌，知白守黑，知荣守辱，这是圣人爱民治国、忍辱负重、俯首甘为孺子牛的形象写照。

处溪、处谷，置自身于天下苍生之下，以婴儿般的赤子之心，纯朴无邪之诚对待黎明百姓。

常德不离，常德不忒，常德乃足，是指对于永恒的“生而不有，为而不恃”“功而不居，长而不宰”的大道之德，要紧紧守住，不离不弃，严格遵守，绝不违背。这样，就可以“常德乃足”，归于赤子之心，归于无极状态，最后达到纯朴无邪，为天下万民的管家，行大道之制却不伤害百姓。

# 第二十九章　天下神器

将欲取天下而为之，吾见其不得已。天下神器，不可为也，不可执也。为者败之，执者失之。是以圣人无为，故无败；无执，故无失。夫物或行或随；或嘘或吹；或强或羸；或载或隳。是以圣人去甚，去奢，去泰。

【论述】

要夺取天下，据为己有，为所欲为，这是不能得逞的。天下者天下人之天下也，是万民身家性命赖以生存的处所，这就是天下之所以神圣而谓之为“神器”。天下不同于一般事物，不可以随便摆布，不可以“或行或随、或嘘或吹、或强或羸、或载或隳”；为所欲为者必败，据为己有者必失。所以圣人爱民治国，无私，无欲，无争，无妄，“生而不有，为而不恃，功而不居，长而不宰”，就没有败和失。

圣人治国，坚决去除甚欲（甚），不知足（奢），欲得（泰）。“罪莫大于甚

欲，祸莫大于不知足，咎莫险于欲得。”（第四十六章）







## 第三十章　不以兵强天下

以道佐人主者，不以兵强天下，其事好还。师之所处，荆棘生焉。大军之后，必有凶年。善有果而已，不以取强。果而勿矜，果而勿伐，果而勿骄。果而不得已，果而勿强。物壮则老，是谓不道，不道早已。

**【论述】**

本章是对将相士大夫说的。凡辅佐国君治国者，不要劝说和鼓动统治者穷兵黩武，以武力称霸天下。历史事实证明：好战者是要遭报应的。

战争过处，城摧乡毁，家破人亡，田园荒芜，荆棘丛生；大军之后，必有凶年。所以，为战者，只求屈人之兵，取得战果而已；不愿攻城略地，强力夺取。

取得战果，不骄不傲，更无功可居，因为取胜而采取的战争行为是迫不得已的事，这叫作“果而不强”。

值得注意的是，事物的发展规律是“生—长—壮—老—不道—消亡”。



## 第三十一章　不祥之器

夫兵者，不祥之器。物或恶之，故有道者不处。君子居则贵左，用兵则贵右。兵者不祥之器，非君子之器，不得已而用之，恬淡为上。胜而不美，而美之者，是乐杀人。夫乐杀人者，则不可得志于天下矣。吉事尚左，凶事尚右。偏将军居左，上将军居右，言以丧礼处之。杀人之众，以悲哀泣之，战胜以丧礼处之。

【论述】

战争是不祥的，是万民所深恶痛绝的凶事，是有道君主所不取的。在不得已而战时，还是以不战而屈人之兵，为善之善。切勿乐于战争，乐于战争就是乐于杀人，乐于杀人的人将会失去天下人之心！

即使战争胜利了，还是以丧礼处之，因为杀了许多人。

附言：以“左”为吉，为君子所居；“右”为凶，为兵者所处，以此贬咒战争。

## 第三十二章　无名

道常无名。朴虽小，天下莫能臣。侯王若能守之，万物将自宾。天地相合，以降甘露，民莫之令而自均。始制有名，名亦既有，夫亦将知止，知止可以不殆。譬道之在天下，犹川谷之于江海。

【论述】

永恒之道，无法名状，其纯朴而处小到不足为计的状态，然而天下没有可以凌驾其上的。王侯们若能坚持道的德性，天下将会万物并作，风调雨顺，和谐共处，国泰民安。

天下万物从无到有，从无法名状到可见、可听、可摸的千姿百态、万景万象和万事万物。面对万象、万事、万物要知道，道之所止。止者，道之规律，道之德性也。知道道之规律和德性，就不会妄作，就不会为所欲为。这样，才不至于陷于危殆的境地。

道之于天下就像川谷和大海，处下和知止，结果是万水奔流终归大海。

## 第三十三章　知人

知人者智，自知者明；胜人者有力，自胜者强。知足者富。强行者有志。不失其所者久。死而不亡者寿。

【论述】

自知者，是明于智，高于智；知人者，

只是智而已。

能制服自己和控制自己不妄作、不胡为、不随心所欲，这才是强者。战胜别人，只说明你有势力而已。

知足者，不为人欲、私欲所掌控，知道适可而止，这样才能成为不失足的富者。

为正义，为理想，能强制自己、身体力行者，才是有志者。

为人做事，能谨记自己的职责而尽职尽责，不失其所处之地位者，才可以长久。

生命虽终结，而其言行和功业令人念念不忘者，才算是长寿。

## 第三十四章　道泛

大道泛兮，其可左右。万物恃之以生而不辞，功成而不有。衣养万物而不为主，可名于小；万物归焉而不为主，可名为大。以其终不自为大，故能成其大。

【论述】

既知道“道”就是“有物混成”之“物”，那么，“大道泛兮，其可左右”就好理解了。有物质的地方就有“道”，哪里都有，不论左右。

万物为道所生，依道而生。“道生万物，生而不辞，功成而不居，衣养万物而不主。”道的不辞、不居、不主的无私和无欲，达到了令人不觉其存在的地步，这就是近乎“无”的渺小。

但是，天地万物统统属于道，归于道，道又是如此伟大！这就是圣人行大道，为小，不为大，终成其大的道理。

## 第三十五章　执大象

执大象，天下往。往而不害，安平泰。乐与饵，过客止。道之出口，淡乎其无味，视之不足见，听之不足闻，用之不足既。

【论述】

行大道，天下归心，万民向往，趋之若鹜，留者安泰。

优美的乐声和诱人的食品，只能留下行人的脚步。

以语言论道，道是淡而无味。虽视之不见，听之不闻，但用之却不竭。

## 第三十六章　微明

**将欲歙之，必故张之；将欲弱之，必故强之；将欲废之，必故兴之；将欲取之，必故与之。是谓微明。柔弱胜刚强。鱼不可脱于渊，国之利器不可以示人。**

【论述】

对付敌对方，采取欲合先张、欲弱先强、欲废先兴、欲夺先与，这些欲置对方于失败之地的阴招和谋略，只是小聪明（微明）。

圣人爱民治国，以柔克刚，以和平对付战争。人类的生存需要和平环境，就像鱼只能在水中存活，离开水就会死亡，所以“鱼不可脱于渊”。

但是，和平是祈求不来的，世界上难免有“甚欲、不知足和欲得”的统治者，他们要称霸，要扩张，要争夺资源，他们就是要发动战争。因此，必须做好充分的准备，做好不可战胜的准备，这就是“国之利器”。这个“国之利器”只用于防御，不用于发动战争，所以说“国之利器不可以示人”。“示人”者，发动战争也，示人以武力也。

这里，老子谆谆告诫后代，人类的生存需要和平环境，就像鱼只能在水中存活、离开水就会死亡一样。因此，国家强大了，有了国之利器，千万不要发动战争，发动战争就是破坏人类生存的和平环境，就像鱼被夺去水一样，鱼必定要死。发动战争，从长远讲，对己对人都是有害而无利的。

# 第三十七章　道常无为

**道常无为而无不为。侯王若能守之，万物将自化。化而欲作，吾将镇之以无名之朴。镇之以无名之朴，夫将不欲。不欲以静，天下将自正。**

【论述】

物质是按规律运动、变化和发展的，这就是“道”的运行。道的运行永远没有私心、私欲，它不争夺什么，也不会妄为；“万物恃之以生而不辞，功成而不有。衣养万物而不为主”（第三十四章）。

执政者如果能遵从和坚守道之德来治理天下，天下就会风调雨顺，国泰民安，社会和国家就会长足发展。但是，国家强大了，社会繁荣了，百姓富裕了，执政者往往会自满、骄傲、忘乎所以，甚至开始“甚欲，不知足，欲得”。这时候还得用道的无私、无欲、无争和无妄之德予以匡正，这就是“镇之以无名之朴”。只有紧紧依照“生而不有，为而不恃”“功而不居，长而不宰”的道之德，才能制止“甚欲、不知足和欲得”。

这里将“欲”视为国家、社会不安和动乱的根源，也是发动战争的“动力”。所以，不欲，天下可以安定，天下才能太平。

## 第三十八章　上德

上德不德，是以有德；下德不失德，是以无德。上德无为而无以为；下德无为而有以为。上仁为之而无以为；上义为之而有以为。上礼为之而莫之应，则攘臂而扔之。故失道而后德，失德而后仁，失仁而后义，失义而后礼。夫礼者，忠信之薄，而乱之首。前识者，道之华，而愚之始。是以大丈夫居其厚，不居其薄；处其实，不居其华。故去彼取此。

【论述】

只有行大道，才称得上是“上德”。

上德是无私、无欲、无争、无妄，纯朴而无言之德，没有任何个人、群体或宗族目的的，这是真正的“有德”。大道废，天下为私人、私家、私族所窃取，此时讲道德、说仁义只不过是为窃国者装潢门面、文过饰非而已。所以说，失“道”之后，拿“德”来遮羞；失“德”之后，拿“仁”来掩盖；失“仁”之后，拿“义”来包装；失“义”之后，只好用“礼教”作为制度强迫执行。忠、信损失殆尽，“礼教”成为统治人民的枷锁，社会不安，国家动乱，从此开始。

“前知者，道之华，而愚之始也。”这话是对占卜者说的。前知者，从字面可以理解为知道未来事物的人，实际暗指占卜者。当时占卜、著龟极为流行，并将《易经》作为占卜的经典依据。老子指出，前知者，仅仅借用道之言辞，华而不实，罔顾实事和事实，对未来做教条式的判断，这是愚昧之举，有道者所不取。

# 第三十九章　得一

昔之得一者：天得一以清；地得一以宁；神得一以灵；谷得一以盈；万物得一以生；侯王得一以为天下正。其致之也，天无以清，将恐裂；地无以宁，将恐废；神无以灵，将恐歇；谷无以盈，将恐竭；万物无以生，将恐灭；侯王无以正高，将恐蹶。故贵以贱为本，高以下为基。是以侯王自谓“孤”“寡”“不谷”。此非以贱为本耶？非也，故至誉无誉。是故不欲琭琭如玉。珞珞如石。

【论述】

何为“得一”？得一者，即得于道，得于“有物混成”的无限虚空之体。它可以包罗容纳一切，合之于一体，各得其所，各行其道，相辅相成，和谐相处。这就是天所以清，地所以宁，神所以灵，谷所以盈，万物所以生，天下所以太平；否则，恐裂、恐废（塌陷）、恐歇（失灵）、恐竭、恐灭、恐蹶。

“一”者，道之本，物之基也。民者，国之本，邦之基也。王侯居高处贵，若不以民为本，不以贱为基，那就危险了。尽管皇帝王侯自称孤、寡、不毂，似乎以贱为本，其实只是虚伪装饰之辞，不是吗？

帝王高高在上，臣民高呼万岁，以为至誉，实则无誉，一旦失民，随即倒台。夏桀以太阳自居，终成亡国之君。

玉以罕为贵，以美为珍，只供玩赏。石以多为贱，以硬为用，可作基石，可撑大厦。

## 第四十章　道之动

**反者道之动；弱者道之用。天下万物生于有，有生于无。**

【论述】

物质是在“往返”中向前运动的。“反”通假“返”。“反”是在“往”之后，没有“往”就没有“反”，“往”和“反”构成物质运动的辩证关系。“反者道之动也”，可以延伸和扩展到一切事物的发展运动中。

弱者，表示“虚空”，也就是“空间”的代词。不论是宏观或是微观，物质之用，都在空间。第十一章已经论证过：“有之以为利，无之以为用。”也就是说，物作为器，空作为用。从微观来看，物质质点的作用，在空间的“场”上，力场、电场、磁场都在空间，所以说“弱者，道之用也”。

天下之物生于有，有生于无，有和无共处于“有物混成”的物中。结论是“宇宙万物是物质的”，这是彻底唯物论的根本观点。

## 第四十一章　闻道

上士闻道，勤而行之；中士闻道，若存若亡；下士闻道，大笑之。不笑不足以为道。故建言有之：“明道若昧；进道若退；夷道若类；上德若谷；大白若辱；广德若不足；建德若偷；质真若渝；大方无隅；大器晚成；大音希声；大象无形；道隐无名。”夫唯道，善始且善成。

【论述】

假设三种人士来论道，只有上士才会接受认可，并身体力行的；大部分持怀疑态度，说可有可无；甚至有人会认为荒唐可笑。“道”之所以为道，正是揭示那些真正荒唐可笑的东西，否则不足为道。

古时有这样的说法：明道的人，好像在黑暗中摸索；进道的人，许多事不敢做了，好像在退却，明明是康庄大道，他却认为崎岖难行；持德厚重的人，却把自己置于下位，虚怀若谷，以此容人、容物、容事。忍辱才能负重，只有甘心处污、处黑，才能去污、去黑，以成大白；即使广施大德，还是感到不足。建大德的人不为名，不为利，又不想让人知道，好像偷偷摸摸地在干好事；质地纯真者，好像出土之玉，沾满污秽；至大之方是没有边角的；大器之成不是一朝一夕的，是经过长期磨炼出来的；宇宙万物运行的大音是听不到的，其形象是看不到的。永恒之道是幽深隐藏，无法名状的，它是宇宙万物生成和从始至终不离不弃的母体。

## 第四十二章　道生万物

**道生一，一生二，二生三，三生万物。万物负阴而抱阳，冲气以为和。人之所恶，唯“孤”“寡”“不谷”。而王公以为称。故物或损之而益，或益之而损。人之所教，我亦教之：“强梁者不得其死”，吾将以为教父。**

【论述】

本章是好几个不相干的论题凑在一起，不合逻辑，可以认为是有意为之。

第一部分是本体论和宇宙观。“道生

一”，说明“道”是“有物混成”的统一体，它是唯一的统一体。“寂兮寥兮，独立而不改”，这是唯物论的“一元论”。

“一生二”，统一体中有“虚”有“实”，有“有”有“无”，有“阴”有“阳”。“二”代表统一体中对立的两个方面，不能解释为一个生两个，因为统一体中可以有多个对立面。这就是一元论中的多元论，是物质的客观存在，是物质存在的辩证规律。

“二生三”，按古老和传统说法可以有以下含义：

（一）统一体中的阴和阳交合，又称阴阳合孕（《唐玄宗御注道德真经》），冲气以为和，阴阳相互激荡而生万物。

（二）按当时流行的学说和易经的理论，一为太乙，又称太极或太易，太易者未见气。太初，气之始也；太始，形之始也；太素，质之始也。气、形、质三者未相离，谓之混沌。混沌就是天地万物未相离的原始状态。所以，气、形、质三者相混的混沌状态，就是宇宙之始、万物之源。

上述对“二生三，三生万物”的诠释，

将有助于对本题的深入理解。

老子以“二”为基数，涵盖了阴阳、虚实和有无；用“三”，既表示数，又表示众多。这给唯物论思维的发展留下充分的空间。由本章再联系第二十一章，可以推测“三”可能指“象”（形）“物”（质）“精”（气）三者作为“有物混成”之“物”的物质内容，而“信”是表示运动和规律的可信度，并非物质，所以排除在“三”之外。

“三”同样可以和现代科学接轨，物质的根本是空间（场）、质点（粒子）和能量（运动）。

“万物负阴而抱阳，冲气以为和”是对物质结构的描绘，不论宏观和微观都可以和现代科学接轨，并且相当准确。

本章尚附有以下三个论题：

（一）王公以天下之所恶：孤、寡、不谷自称，表示谦卑，以示贵以贱为本。

（二）事物在变化发展中，“损”和“益”是辩证关系。提示：一时的得益，占便宜，可能是以后要付出代价的前奏。目前的吃亏、受损和无偿的付出，将是他日巨大收获和辉煌成就的投资。

（三）人们是怎样教我，我也将怎样教别人。这一句或许与前后两个论题有关，是说这些论点都是人们教我的。

（四）“强梁”是指称霸者、发动战争者、以势压人者、横行霸道者、杀人越货者，这些人都没有好下场。这句话可以和上一句话结合起来理解，是说众人都是这样说的，人们也是这样教导我的，表明这是人们公认的事实和真理，而不是诅咒。所以，我将这个事实和真理视为教旨，作为教父。

## 第四十三章　至柔

天下之至柔，驰骋天下之至坚。无有入无间。吾是以知无为之有益。不言之教，无为之益，天下希及之。

【论述】

风可以穿山越谷，登堂入室；水可以上天入地，渗树透林。天下之至柔可以奔驰于天下之至坚，宇宙之虚无可以行走于无缝无隙之至固。

由此，可以知道无私、无欲、无争和无妄的无限威力。

圣人爱民治国，管理天下，行无言之教，以默默无闻的无私奉献，换来千百万人民的安居乐业，这就是天下至高之德，可谓鲜矣哉，“希能及之”。

## 第四十四章　知足

名与身孰亲？身与货孰多？得与亡孰病？甚爱必大费，多藏必厚亡。知足不辱，知止不殆，可以长久。

【论述】

人为财死，鸟为食亡。本章提出“名”（荣誉）“利“（财货）和“得失”（得到与失去）相对于身（身即人的一生，包括人的人生价值）进行比较，孰重孰轻？为了追求名利和计较得失，而将自己的一生作为赌注进行博弈，值得吗？爱虚荣，爱财宝，最后把命都搭上了。贪婪无度，欲壑难填，其结果是什么？从古至今太多这样的例子，值得深思。

最后老子忠告：“知足不辱，知止不殆，可以长久。”

## 第四十五章　大成若缺

大成若缺，其用不弊。大盈若冲，其用不穷。大直若屈，大巧若拙，大辩若讷。静胜躁，寒胜热。清静为天下正。

【论述】

这是对爱民治国者和干大事的人说的。始终要牢记责任如此重大，不得不“大成若缺”“大盈若冲”。要看到集大成和大成功的负面是什么，其中隐藏着多少缺陷和危机，要想到成功可能就是失败的开始，见到“满”和“盈”的时候，就要想到“空”和“尽”。要知道“直”中有“屈”，要广义地认识“直”和“屈”的关系。要知道为什么“大巧若拙”。大巧者，是严格掌握事物的规律，丝毫不敢违规，不敢投机取巧；否则，就要弄巧成拙。“大辩若讷”，真正的辩论家并不是诡辩者，口若悬河，而是“言有宗，事有君”（七十章），每句话都是实事求是、有根有据的，不敢信口而出，因此其言必“讷”。

勿狂躁，要冷静，只有清醒无欲而宁静的心态，才能处理好天下大事。

# 第四十六章　有道

天下有道，却走马以粪。天下无道，戎马生于郊。罪莫大于甚欲；祸莫大于不知足；咎莫大于欲得。故知足之足，常足矣。

【论述】

有道的统治者，战马用于耕田；无道的统治者，怀孕的母马也被拖去参战。

罪恶的战争之祸，来源于统治者的甚欲、不知足和欲得！何谓“甚欲、不知足和欲得”？要称霸，当霸主；要扩张疆土，吞并他国；要抢占资源，要夺取财富，要掳掠他国之民为奴隶。这些权欲、名欲、利欲和种种私欲是无穷之欲，欲壑难填，而且势在必得，那就只有发动战争。所以，统治者是战争的始作俑者。

# 第四十七章　知天下

不出户，知天下；不窥牖，见天道。其出弥远，其知弥少。是以圣人不行而知，不见而明，不为而成。

【论述】

本章很容易引起误解，以为不经过实践和调查研究就可以“不出户，知天下；不窥牖，见天道”。这句话的本意和“运筹帷幄之中，决胜千里之外”相似，它表示学道、修道、为道达到的水平和境界。参阅第五十二章中的“天下有始，以为天下母。既得其母，以知其子。既知其子，复守其母”可以看出：掌握了事物的发展规律，也就是事物的共性，这是“母”；又掌握了各个不同事物的个性，也就是特性，这是“子”。既知“子”，又掌握其“母”，上升到这样的水平，可以说是进入出神入化的境地，再加上获取足够的实事和事实的信息，就可以料事如神了。

所以，圣人并不是每件事都要自己亲

身经历才知道、亲自见到才明白、亲自动手才成功的。







## 第四十八章　为道日损

为学日益，为道日损。损之又损，以至于无为。无为而无不为。取天下常以无事。及其有事，不足以取天下。

【论述】

学习增加知识，学道、修道、为道都是为了制约妄为。看清事物，减少“甚欲”，减少“不知足”，减少“欲得”，最后才能达到不敢妄为、不敢胡作非为的无为状态。这样，就可以养成按事物发展规律、按道的属性——“生而不有，为而不恃”“功而不居，长而不宰”的原则去做一切事（无不为）。

治理天下，就要做到使天下平安无事；否则，可以休矣！

如何使天下平安无事，为道的圣人就得始终无私、无欲、无争、无妄地为天下黎民百姓处处操心，事事操劳。如果有私、有欲、有争、有妄，那就治不好天下了。

## 第四十九章　百姓心

圣人常无心，以百姓心为心。善者，吾善之；不善者，吾亦善之；得善。信者，吾信之；不信者，吾亦信之；得信。圣人在天下，歙歙焉，为天下浑其心，百姓皆注其耳目，圣人皆孩之。

【论述】

执政者要达到成为圣人的境界，就要永远去掉私心；就要拿老百姓之心为心，善待所有的老百姓。好的、善的，要保护他们；不好的、不善的，要教育他们，感化他们，使他们转变成为好的、善的。

圣人之治要取信于民。

圣人治理天下，对待黎民百姓，就要像母亲对待婴儿一样去关心、体贴和呵护他们。

## 第五十章　出生入死

出生入死。生之徒，十有三；死之徒，十有三；人之生，动之于死地，亦十有三。夫何故？以其上生之厚。盖闻善摄生者，路行不遇兕虎，入军不被甲兵。兕无所投其角，虎无所用其爪，兵无所容其刃。夫何故？以其无死地。

【论述】

本章以统计数字表述人口死亡状况，其实是揭示了两千五百多年中执政者为发动战争征集青壮年并驱之于死亡之地的史实。

享天年正常死亡的，占人口三分之一；伤病夭折的，占人口三分之一；被统治者送上死亡之地的，也是三分之一。在叙述中用词比较隐晦。“夫何故？以其上生之厚。”“其上”就是统治者。什么叫作“生之厚”？ 就是统治者对自己的生存是压倒一切，是如此厚重，可以不顾千千万万人民的死活。统治者的“甚欲、不知足和欲得”的具体表现就是“要称霸，要掠夺资源，要扩展疆土，要发动战争”。

后续之文，只是打掩护，说的是善于摄生的人，不遇兕虎，不遇甲兵，兽角伤不了他，虎爪抓不了他，兵器伤不了他。为什么？因为没有被驱赶到虎豹豺狼和枪林弹雨的死亡之地。

## 第五十一章　尊道贵德

道生之，德畜之，物形之，势成之。是以万物莫不尊道而贵德。道之尊，德之贵，夫莫之命而常自然。故道生之，德畜之。长之育之；成之熟之；养之覆之。生而不有，为而不恃，长而不宰，是谓玄德。

【论述】

宇宙万物源于“有物混成”的物质。物质在运动、变化和按规律发展中，生发万物，造型万物，畜养万物，覆载万物，这就是宇宙产生、天地形成和种种物类先后出现的物质基础。

物质是宇宙的源头和根本，是万物的神圣母体，尊称之为“道”。“道”的属性是“生而不有，为而不恃”“功而不居，长而不宰”，这就是“道”之“德”，也是“德”的可贵之处。

“道”的尊严和“德”的可贵，不是任何外在因素可以加封和支使的，它是自然而然的，就是这样的，永远就是这样的。

## 第五十二章　天下有始

天下有始，以为天下母。既得其母，以知其子。既知其子，复守其母，没身不殆。塞其兑，闭其门，终身不勤。开其兑，

**济其事，终身不救。见小曰明，守柔曰强。用其光，复归其明，无遗身殃，是为袭常。**

【论述】

“有物混成”是天下之始、万物之母。“物”和“有”是天下万物之母，天下万物是“物”和“有”之子。掌握了物质运动、变化和按规律发展的共性，就可以探索天下万物运动、变化和按规律发展的特性，这就是“既得其母，以知其子”。

掌握天下万物运动、变化和按规律发展的特性，又牢牢地把握物质运动、变化和按规律发展的共性，就可以深刻地认识事物是按规律发展的，而不是按人的意愿随心所欲的发展。只有这样，才会认识到严格遵循事物发展规律，不妄为，是事物成败的关键所在。“既知其子，复守其母，没身不殆。”

无论是治国或是做事，一定要预防权欲、利欲、名欲等各种私欲的干扰，否则会导致失败，“终身不救”。

无论是治国或是做事，一定要明察秋毫，防微杜渐，睁大双眼，洞察一切。执政者身负亿万人民的身家性命，责任是何等之大。为人民建立坚不可破的家园，以和平面对战争，“守柔曰强”。不使人民受到任何的伤害，“无遗身殃”。要牢记：事未事，治未乱，视之为恒常规律，“是谓袭常”。

## 第五十三章　唯迤是畏

使我介然有知，行于大道，唯迤是畏。大道甚夷，而人好径。朝甚除，田甚芜，仓甚虚，服文采，带利剑，厌饮食，财贷有余，是为盗竽。非道也哉！

【论述】

本章是对历史的总结。

“大道”的道路是平坦的，但是圣人行“大道”却是战战兢兢，如临深渊，如履薄冰，唯恐有偏差，只怕有闪失，“唯迤是畏。”可千年来的许多统治者，不但不行“大道”，恰恰相反，他们专走邪门歪道，其结果如下：

朝廷宫阙、衙门官署修得豪华壮观，而百姓的耕地，却杂草丛生，贫瘠荒芜；国家的粮仓里空空荡荡，而达官显贵们，穿着锦衣，带着宝剑，吃尽山珍海味，家里的钱财和珍宝，几辈子也花不完，这就是强盗的逻辑，统治者成为强盗的头子或是土匪头子，“是为盗竽”。盗者，偷窃、劫掠也。“竽者，五声之长者也”（韩非子解老）。

## 第五十四章　善建

善建者不拔，善抱者不脱，子孙以祭祀不辍。修之于身，其德乃真；修之于家，其德乃余；修之于乡，其德乃长；修之于邦，其德乃丰；修之于天下，其德乃普。故以身观身，以家观家，以乡观乡，以邦观邦，以天下观天下。吾何以知天下然哉？以此。







【论述】

以“道”建立邦国者，其邦国坚如磐石；坚持以“道”开创事业者，“道”将与其不弃不离。“道”的效应，可以延及子孙后代。

以“道”修身者，其人清正；以“道”齐家者，其家福德有余；以“道”施予乡者，其乡德行绵长；以“道”治国者，其邦国积德丰厚；以“道”莅于天下者，天下归心，其德博大，普照万民。

因此，要以自身观察他身，以自家观察他家，以自乡观察他乡，以自邦观察他邦。从我所处的天下，观察时空中的天下，我就会知道天下为什么是这个样子，原因就在于此。本章是老子以唯物主义的立场和观点，从实事和事实中观察和认识物质世界，这就是唯物论的认识论。

# 第五十五章　含德之厚

含“德”之厚，比于赤子。毒虫不螫，猛兽不据，攫鸟不搏。骨弱筋柔而握固。未知牝牡之合而峻作，精之至也。终日号而不嗄，和之至也。知和曰“常”，知常曰“明”，益生曰祥，心使气曰强。物壮则老，谓之不道，不道早已。

【论述】

取类比象。含德深厚的人，就和婴儿一样，天真无邪，无所畏惧，根本没有毒虫、猛兽、攫鸟会伤人的想法。筋骨柔弱而握固显力，虽有性却无欲，终日呼号却不嘶哑，以此说明处于生长发育、生机勃勃、精力旺盛的和谐状态。

保持和谐就能发展壮大，就能长治久安。因此，掌握“和谐”就是掌握了事物发展的正常态势。爱民治国，需要含德深厚的人，他知道如何创建和掌握事物发展的正常态势，为百姓谋福祉；在无私、无欲、无争、无妄的心态下，就不会意气用事。

圣人爱民治国，仿效事物发展规律，把社会和国家始终维持在蓄势待发的状态，保持在“生—长—壮”三个时期中的“长”的阶段。这阶段，正像婴儿将要进入儿童、少年、青年时期。这时期是“精之至”“和之至”时期，其极限是“壮”，要始终警惕“壮”之后是“敝”！

所以，最后提出“物壮则老，老则不道，不道早已”。

## 第五十六章　知者不言

**知者不言，言者不知。挫其锐，解其纷，和其光，同其尘，是谓“玄同”。故不可得而亲，不可得而疏；不可得而利，不可得而害；不可得而贵，不可得而贱。故为天下贵。**

【论述】

本章是一个经验总结。勤于思考又重

视实践的人，是思多于言、行多于言的智者。夸夸其谈、废话连篇的人，不可能成为智者。

本章第二部分是对统治者说的。作为一个治理天下、爱民治国的圣人，是要遏制“声色”之诱惑（塞其兑，闭其门），去掉唯我独尊、刚愎自用的锐气（挫其锐），解除欲壑难填的内心纠结（解其纷），将自己头上的光环和到黎民百姓的无光无暗中去，把自己视为尘土（同其尘），这就是和天下苍生打成一片的“玄同”。

圣人之爱民是大爱，不是小爱，更不是个人之爱。圣人亲万民而不疏万民。利万民而不害万民，贵万民而不贱万民，这才是天下最大之贵。

## 第五十七章　以正治国

以正治国，以奇用兵，以无事取天下。吾何以知其然哉？以此：天下多忌讳，而民弥贫；人多利器，国家滋昏；人多伎巧，奇物滋起；法令滋彰，盗贼多有。故圣人云："我无为，而民自化；我好静，而民自正；我无事，而民自富；我无欲，而民自朴。"

【论述】

治国不同于用兵，不得采取阴谋诡计，要走无私、无欲、无争、无妄的光明正道，走以"道"管理国家的正道。执政者对民间限制多了，老百姓就会穷困；拿抢的人多了，国家就不会安宁；阴谋诡计的人多了，奇事怪事就会层出不穷；奇珍异宝多了，盗窃就会频频出现。

所以，圣人说：不扰民，不劳民，不误农时，不误民事，百姓就会富裕起来。执政者，不穷奢极欲，不胡作非为，不好大喜功，不争权夺利，而是勤勤恳恳为民、利民、爱民，百姓就会受此不言之教而自化、自正和自朴。

# 第五十八章　其政闷闷

其政闷闷，其民淳淳；其政察察，其民缺缺。祸兮，福之所倚；福兮，祸之所伏。孰知其极？其无正也。正复为奇，善复为妖。是以圣人方而不割，廉而不刿，直而不肆，光而不耀。人之迷，其日固久！

【论述】

存在决定意识，政治氛围与社会意识和人民的一举一动密切相关。宽松的政治，人心就舒畅，行为就自然；严酷的政治，人心就会紧张，行为就会拘谨，甚至惶惶不可终日。

以“祸福相依、祸福相伏”揭示事物发展的辩证规律，形象明了，通俗易懂。它涵盖了大部分辩证规律，将祸福同体、祸福相依、祸福相随、祸福转化提高到“道”的水平，也就是哲学的水平来认识。

由于祸和福是按事物发展规律运动和变化的，具备无限延续性，并且祸和福又因主体不同而产生根本不同的看法，没有固定的标准，所以又提出“孰知其极？其无正也”。

以正奇、善妖的转化，揭示另一些辩证规律。这里明确指出：正确的可以转化为错误的，善良的可以转化为邪恶的；同样，伟大的可以转化为卑鄙的，劳苦功高的可以转化为罪恶滔天的。

“是以圣人方而不割，廉而不刿，直而不肆，光而不耀。”这句话是对执政者的赤诚忠告，或许是对两千五百多年执政史的极其惨痛的历史教训的总结。这里强调执政者在制定方针、政策时，一定要想到它的负面效应。譬如，要求方正，就要反自然、反生态地切割，犹如削足适履，太可笑，太愚蠢了。可是，时至今日，世界上仍然有许多执政者就是这样做了，还不自觉。

所以，最后还附上一句“人之迷，其日固久”，也就是说：人们长期执迷不悟，就是不相信这个道理。

# 第五十九章　莫若啬

治人事天，莫若啬。夫唯啬，是谓早备；早备谓之重积德；重积德则无不克；无不克则莫知其极；莫知其极，可以有国；有国之母，可以长久；是谓深根固柢、长生久视之道。

【论述】

在一切领域中，厉行节约，将“三宝”中的“俭”提升到“吝啬”的高度。也就是说，在一切领域中，要节约人力、物力、财力、地力和农时，务必“斤斤计较”，毫厘必俭，绝不让步。

老子将俭约作为一个专章提出，将“节约每个铜板”作为国策，作为国家的战略储备方针，称之为“早作准备——早备”。

“早备”就是为国家积攒财富，积藏实力，为了发展，以备不测，是谓重积德。国家有了充足的物力、财力，也就是有了强大的经济基础，这样，什么事也就好办了，什么样的天灾人祸也都能挺得住。同时，国家可以持续发展（莫知其极），国家真正成为人民安居乐业的家园；有了如此坚实的物质基础，国家才可以长久治安，这就是“深根固柢，长生久视之道”。







## 第六十章　治大国

治大国，若烹小鲜。以道莅天下，其鬼不神；非其鬼不神，其神不伤人。非其神不伤人，圣人亦不伤人。夫两不相伤，故德交归焉。

【论述】

“治大国，若烹小鲜”可以理解为：

要从“大”处着想，“小”处做起。

要从实事和事实出发；是小鲜小鱼就不必去鳞，也不必开膛破肚。治理国家要根据国情民情，不能生搬硬套现成模式。

烹调的工艺流程要根据原料来确定，

是小鲜而不是蔬菜，就不能爆炒。

按科学规律办事，不得随心所欲，横加干扰。重视每个工艺流程，小鱼在成熟固化前，不可以反复搅动；否则，就成为一堆鱼糜了。

以上是一般解释。

“治大国，若烹小鲜”的真正意思是对统治者神化自己提出异议，反对什么“奉天承运，皇帝诏曰”。这是统治者装神弄鬼的把戏。治大国就是为人民办事，不是什么神秘的事，而是“若烹小鲜”一样。下文证实这个解释。

“以道莅天下，其鬼不神；非其鬼不神，其神不伤人。非其神不伤人，圣人亦不伤人”，是说圣人以道治国，圣人是不伤人的。圣人不伤人，鬼神就没有了。如果圣人装神弄鬼，那么，圣人也就伤人了。圣人伤人了，妖魔鬼怪也就全都出现了。

# 第六十一章　天下之牝

大国者下流，天下之牝，天下之交也。牝常以静胜牡，以静为下。故大国以下小国，则取小国；小国以下大国，则取大国。故或下以取，或下而取。大国不过欲兼畜人，小国不过欲入事人。夫两者各得所欲，大者宜为下。

【论述】

“大国者，下流也。天下之牝，天下之交也。”这是至理名言，至今两千五百多年了，此言仍然闪闪发光！若能实行，真是为万世开太平。

大国如能处下、处谷，势将纳百川、汇江河、成大海，世界各国将乐与其交。

大小国之间如何和平相处，如何避免战争，责任主要在大国。如果大国能以道治国，谦卑、处下，礼待小国，尊重小国，扶持小国，不欺侮小国，小国就会尊大国为兄长。同样，小国谦卑处下，对待大国，依附大国，大国就成为天下归心、各国敬仰的文明大国。大小国各得其所，各行其治，相互支持，和睦相处，世界的持久和平就有保证了。

## 第六十二章　万物之奥

道者万物之奥。善人之宝，不善人之所保。美言可以市尊，美行可以加人。人之不善，何弃之有？故立天子，置三公，虽有拱璧以先驷马，不如坐进此道。古之所以贵此道者何？不曰：求以得，有罪以免耶？故为天下贵。

【论述】

“道者，万物之奥也”。“奥”不能作深奥、玄妙之解，应理解为“可以为舟船停泊的港湾”，即“澳”的意思。有的版本，将“奥”字换做“注”字，按依义不依文来解释，道是万物赖以生存和居留的场所。“道”生万物，生之，畜之，养之，覆之，这就是“衣养和覆载万物”的意思。这样，就可以和下文相衔接了。

道包容万物，不论善人和不善人。即使有不善人的花言巧语（美言）和装腔作势（美行），他们有他们的市场，无伤大雅，没有理由抛弃他们。

“立天子，置三公”的典礼非常隆重，赠送最珍贵的玉璧，奉献最豪华的驷马之车，我看都不如送上可以包容天下万物万民之“道”。得此道者，可以与万民同乐，长治久安！

古人也重视“道”，不过他们把“道”看成是“求以得，有罪以免”的神灵而已。

## 第六十三章　为无为

为无为，事无事，味无味。大小多少，报怨以德。图难于其易；为大于其细。天下难事，必作于易；天下大事，必作于细。

**是以圣人终不为大，故能成其大。夫轻诺必寡信，多易必多难。是以圣人犹难之，故终无难矣。**

【论述】

本章将“道之德”、历史经验和事物发展规律引入人文和政治领域。

“为无为”，为政之道要无私、无欲、无争、无妄，在此原则之下去做事。

“事无事”，这里有两层意思：

（一）执政者不要滋事扰民。要做无损于民、无害于民的事。

（二）执政者要未雨绸缪，事故、灾害未发之前，要做好准备，确保国家和人民的安全。

“味无味”是说只有从“无味”才能调出人们所要“之味”。人们所要“之味”，是实事求是“之味”，不是先定好调子“之味”。

对待人和事、国与邦之间的恩怨，要按道之德去处理，也就是无私、无欲、无争、无妄地根据事物发展规律，实事求是地进行处理，这就是“报怨以德”。

圣人爱民治国都是脚踏实地，从小事做起，才能把事做大。重视困难，却从易处着手。仅凭良好的动机、急功近利的想象、轻率的承诺，实际上是做不到和达不到理想目的的，这样，就会失信于民。所以，圣人治国，面对困难，重视困难，以百倍的努力，千方百计地去对付困难，最后“终无难矣”。

## 第六十四章　其安易持

其安易持；其未兆易谋；其脆易泮；其微易散。为之于未有，治之于未乱。合抱之木，生于毫末；九层之台，起于累土；千里之行，始于足下。为者败之；执者失之。是以圣人无为，故无败；无执，故无失。民之从事，常于几成而败之。慎终如始，则无败事。是以圣人欲不欲，不贵难得之货，学不学，复众人之所过。以辅万物自然而不敢为。

【论述】

居安思危，未雨绸缪，早做准备，事半功倍。这里强调“为之于未有，治之于未乱”，圣人治国，犹如良医之治未病。

参天大树，源自毫末细芽；千里之行就在自己脚下。做事也得从小做起，按部就班，循序渐进。老子一再指出，圣人为小不为大，终成其大。

老子再次提出治理天下的道理：随心所欲者必败，据为己有者必失；只有无私、无欲、无争、无妄而为者，可以不败；不占为己有者，可以不失。

圣人做事，认真不苟，始终如一，慎终如始，所以没有败事。

圣人之欲是清心无欲，所以不稀罕奇珍异宝；圣人之所学，不是巧伪奸诈之学，所以不会重蹈平常人之覆辙。圣人总是遵循自然规律，丝毫不敢妄为。

# 第六十五章　非以明民

古之善为道者，非以明民，将以愚之。民之难治，以其智多。故以智治国，国之贼；不以智治国，国之福。知此两者亦稽式。常知稽式，是谓“玄德”。“玄德”深矣，远矣，与物反矣，然后乃至大顺。

【论述】

本章是老子以彻底唯物主义者的睿智，认定打上统治阶级烙印的“智”和“明”是给人民和国家带来灾难和动乱的缘由，所以提出：“民之难治”是由于统治者的巧伪、欺骗和奸诈的“智慧”造成的。拿阴谋诡计的“智慧”去治国，去对待老百姓，就会祸国殃民。这不仅仅是道理和理论，历史已经证明了这一点。“以智治国，国之贼”；反之，“国之福”。老子把这两个结论提高到极高的理论和道德水平来认识，认为这是最高之德，其意义“深矣”“远矣”。

本章点题起句是“为道者，非以明民，将以愚之”。这句话，两千五百多年来，引起许多误解。其真实意思是：圣人之治，行无言之教，执政者不应以聪明才智显示于人民，而应以纯朴、真诚对待人民，这就是对“明民”和“愚之”的正确解释。

## 第六十六章　百谷王

江海所以能为百谷王者，以其善下之，故能为百谷王。是以圣人欲上民，必以言下之；欲先民必以身后之。是以圣人处上而民不重，处前而民不害。是以天下乐推而不厌。以其不争，故天下莫能与之争。

【论述】

大海所以成其大者，是以其纳滴水而“下”百川也。只有处“下”，为“谷”，才能成百谷之王。这是规律，任何力量都无法阻挡。

圣人爱民治国，先天下之忧，后天下之乐。居上位而示下于人民，不论居何位置，总想着不扰民，不伤民，所以万民爱戴，“乐推而不厌”。这就是居下、居后、不争之德，“以其不争，故天下莫能与之争”。







## 第六十七章　道大

天下皆谓我道大，似不肖。夫唯大，故似不肖。若肖，久矣其细也夫！我有三宝，持而保之：一曰慈，二曰俭，三曰不敢为天下先。慈故能勇；俭故能广；不敢为天下先，故能成器长。今舍慈且勇，舍俭且广，舍后且先，死矣。夫慈以战则胜，以守则固。天将救之，以慈卫之。

【论述】

肖者，骨肉相似，似其先人也。老子所说的“道”是博大的，不同于传统的、不像先人所说的“道”。正是因为它是不肖的，不是跟着前人之说，述而不作之“道”，所以能成其大。如果遵循前人、墨守成规地继承前人，那么我的道早就成为标榜仁、义、礼、智、信的繁文缛节，进而支离破碎了。

我的道有“三宝”：“一曰慈”，就是爱人民、爱人类；“二曰俭”，就是节约勤俭，为人民为国家节约每个铜板；“三曰不敢为天下先”，就是不争强，不争霸，不争人先，要先人后己，要后天下之乐而乐。

爱人民，爱人类，就有勇气制服自己，不去做伤害人民的事。勤俭节约，可以为人民为国家广积财富。不争强，不争霸，就不会发动战争，可以使天下太平、长治久安。反此“三宝”者，必败，必死。

以爱人民、爱人类的慈心对待天下，可以无敌于天下，战必胜，守必固，得道者必多助，天人助之，道以慈卫之，这就是事物发展的规律。

# 第六十八章　不武

**古之善为士者，不武。善战者，不怒；善胜敌者，不与；善用人者，为之下。是谓不争之德，是谓用人之力，是谓配天古之极。**

【论述】

本章是对“将相士大夫”说的，也是说给统治者听的。不战而屈人之兵者善之善也，所以说“善为士者，不武”。动用武力，是万不得已的事。真正的军事家不是跃跃欲试的好战者，更不是感情用事、容易被激怒的凡夫俗子，他们即使有百战百胜的把握，也不愿主动发起攻击。

如何发挥人的积极性？善于用人之人，是尊重每个人的尊严，不仅仅是平等待人，更能处处居人之下。能为人下者，就能激起每个人从内心发出的、愿肝脑涂地、以报知遇之恩的精神力量！这就是“配天古之极”。

# 第六十九章 为客

用兵有言："吾不敢为主，而为客；不敢进寸，而退尺。"是谓行无行；攘无臂；扔无敌；执无兵。祸莫大于轻敌，轻敌几丧吾宝。故抗兵相若，哀者胜矣。

【论述】

本章主旨是告诫执政者绝对不可以轻敌，无"敌"的思想是绝对不可以有的，"祸莫大于轻敌"。爱民治国，保护好人民，体现老子的"三宝"（轻敌几丧吾宝）。"慈"为第一宝。"慈"就是爱人民，保护好人民免受伤害。爱民保民就得有"敌"情观念，早早做好战争准备，并且必须是不可战胜的战争准备、万无一失的防御战。只有这样，才能做到：（一）以和平面对战争；（二）不主动出击，"不敢为主而为客"；（三）敌人进攻，宁退尺，不进寸，"不敢进寸，而退尺"。在道义上，做到仁至义尽；在情感上，对敌我双方的士兵都是个震撼。

最后进入“是可忍，孰不可忍”的地步，达到孙子兵法“五事”中“道”的要求。这样的战备，即使不布阵、不奋臂拿兵器，敌方也将有所畏惧，甚至心惊胆战、不寒而栗，何况有备而待、以逸待劳、以哀兵应战，其胜必矣。

以上描述，表示“国之利器”，已强大到足以不战而屈人之兵的态势。

## 第七十章　易知

吾言甚易知，甚易行。天下莫能知，莫能行。言有宗，事有君。夫唯无知，是以不我知。知我者希，则我者贵。是以圣人被褐而怀玉。

【论述】

本章是对帝王将相说的。说的是要以道治国，话是明白易懂，实行也是容易的，可是他们并不理会，也不实行。

我所说的话是有根据的，我所说的事都是实事，可是“甚欲、不知足和欲得”（第四十六章）迷住了执政者的心窍，他们变得如此冥顽不智，并不理会我的话。

知我的人很少，按我的话去做的人，更是难得。无怪乎圣人深藏的金玉良言总是纯朴到不屑一顾。

## 第七十一章　知不知

**知不知，尚矣；不知知，病也。圣人不病，以其病病。夫唯病病，是以不病。**

【论述】

围绕“知”和“不知”三个字作为一章，有其独特和重要的意义。它是第四十七章“不出户，知天下”的前提和补充。以下分三个层次予以说明。

通常之解是“知之为知之，不知为不知，是知也”（《论语·为政》）。此为孔子之言。是说，知道就是知道，不知道就是不知道，这才是真知。以“不知”为“知”是病态，是要害人的。

进一步的解释是，智者知道知识是无穷无尽的、事物的多样性和复杂性也是无穷无尽的。自己再聪明、再博学，也不过只知道其中的一小部分，所以真正的智者不认为自己是智者，这就是“知不知，尚矣”。相反，不智者，却不自量力，认为自己是智者，知道一切；不经过深入了解和研究，就下结论，这就会害人害己，所以说，“不知知，病也”。

更深一层的理解是聚焦在“不知”上。物质世界是可知的，但又是不可知的。老子在第一章开宗明义提出：“道可道，非常道。”这是说，具体的道是可知道的可述说的，但是永恒之道却是不可知和难以述说的。强调“知不知”，可以扩大可知，鉴别可知与不可知，认可不可知，这样可以深化智慧，提高自身素质与涵养，明确事物的辩证性，预防思想僵化。

从科学发展来看，可知部分在不断扩

大。不可知部分又可分为相对不可知与绝对不可知两个部分。相对不可知部分有可能被突破为可知，但是绝对不可知部分就是永恒的，难以突破的，这就是“玄之又玄，众妙之门”。

纵观上述，人之知不是天生的，而是从不知到知，先认识物质世界的可知部分。但是，这个可知部分，却浩如烟海，一个人所能知道的，仅仅是它的一丁点，大部分都是不知道的。所以，老子提出“知不知，尚矣”，是要求人们正确认识所知道的和所掌握的，不论是知识还是情况，我们所知道和掌握的都是极其有限的。这样，我们才能聚焦于“不知”，孜孜不倦地从实事和事实中寻觅和探索事物的真相和本质。当我们追踪到绝对不可知的时候，那就是真知，也就是“尚矣”之知。

从哲学层面看，“知不知，尚矣”是唯物辩证的认识论，它是开放的认识论，不是封闭的、僵化的和机械的认识论。

# 第七十二章　民不畏威

民不畏威，则大威至。无狭其所居，无厌其所生。夫唯不厌，是以不厌。是以圣人自知不自见；自爱不自贵。故去彼取此。

【论述】

本章是两千五百多年中王朝相继覆灭的总结。人民被逼到无以栖身、无以生计的时候，摧毁王朝的暴风骤雨就要来临。夏桀之亡、商纣之灭、周厉王之逃、周幽王之杀，足以为证。这就是“民不畏威，则大威至矣”！

所以，圣人爱民治国，首先要关注民生，甘其食，美其服，乐其俗，安其居；不做令人厌恶的事伤害百姓，百姓也就不会厌恶执政者，这就是“夫唯不厌，是以不厌”。

圣人知道自己职责之重，丝毫不敢自以为是，而是谨言慎行，严格要求自己，珍惜自身的纯朴，而不敢置身于人民之上，是谓“自爱不自贵”。

## 第七十三章　勇于敢

勇于敢则杀，勇于不敢则活。此两者，或利或害。天之所恶，孰知其故？天之道，不争而善胜，不言而善应，不召而自来，繟然而善谋。天网恢恢，疏而不失。

【论述】

本章是对帝王将相高位者和手握生杀大权者而言，将“勇于敢”和“勇于不敢”提高到“生”和“杀”的分界线上。这里的“生”和“杀”是广义的，不仅仅是一个人的死和活，而是千百万人的死和活；也不仅是人的躯体死活，而是人的人性和良知的死活。秦昭王十四年秦国攻打韩魏，一次就斩首二十四万人！在屠杀人民的同时，也杀灭了统治者的人性和良知，统治者都变成了行尸走肉。

两千五百多年之后，世界上行尸走肉的皇帝没有了，而行尸走肉的首相和总统又出现了。这就是老子在两千五百多年前就忧心忡忡、牵挂的还要发生的事情。这正如第二十章中说的，“众人熙熙，如享太牢，如春登台。我独泊兮，其未兆；……累累兮，若无所归。”

读懂前段，就知道老子为什么接着所写道“天之道，不争而善胜，不言而善应，不召而自来，繟然而善谋”。

最后老子警告：一切违背天道、人道者，要受到“天网恢恢，疏而不失”的因果报应，这是事物发展的规律。

## 第七十四章　民不畏死

民不畏死，奈何以死惧之？若使民常畏死，而为奇者，吾得执而杀之，孰敢？常有司杀者杀。夫代司杀者杀，是谓代大匠斫。夫代大匠斫者，希有不伤其手矣。

【论述】

本章以委婉的言辞揭示封建统治者不顾法律、越过司法机关（有司杀者）、像伐木高手砍伐木头一样砍杀百姓的头颅。这个比喻形象地揭露了封建统治者草菅人命，无法无天，竟然成了直接屠杀人民的刽子手。连唐玄宗（《唐玄宗御注道德真经》）的注释也认为："人君好自执杀，必不得天理。"人民在无法无天的屠刀下，命如草木，只有豁出去了。连死都不怕，还怕什么？故曰："民不畏死，奈何以死惧之？"

本章是老子重视法治之佐证。其中，"若使民常畏死，而为奇者，吾得执而杀之，孰敢？"说明依法办事、严于执法之效。司马迁《史记》也将老子与韩非子、申不害等刑名法术学者同一列传，并视老子为法家之祖。

# 第七十五章　民之饥

**民之饥，以其上食税之多，是以饥。民之难治，以其上之有为，是以难治。民之轻死，以其上生之厚，是以轻死。夫唯无以生为者，是贤于贵生。**

【论述】

人民之所以饥寒交迫，处于生死线上，是由于统治者的苛捐杂税和重赋暴敛。有诗为证："春种一粒粟，秋收万颗子，四海无闲田，农夫犹饿死！"（唐·李绅）

社会不安定，埋怨民之难治，实际上是统治者胡作非为、穷奢极欲造成的。苛政猛于虎，逼得人民走投无路，铤而走险。

老百姓轻生，不怕死，为什么？因为统治者把老百姓逼到了不单是走投无路，而是生不如死的境地。

# 第七十六章　柔弱

人之生也柔弱，其死也坚强。草木之生也柔脆，其死也枯槁。故坚强者死之徒，柔弱者生之徒。是以兵强则灭，木强则折，强大处下，柔弱处上。

【论述】

本章是以取类比象的方法，从随处可见的、活生生的自然现象着眼来阐述具有哲理的客观规律："坚强者死之徒，柔弱者生之徒。"这句话和第四十二章的末句"强梁者不得其死，吾将以为教父"相呼应。说话的对象是统治者，告诉统治者：在内，对人民，在外，对邻国，不得以权压人，不得倚势欺人。

老子总结在三皇五帝之后经历夏、商、周的两千五百多年中，所有压迫屠杀人民的统治者，都是没有好下场的。这不是诅咒，而是客观规律，是因果律，正所谓"天网恢恢，疏而不失"（第七十三章）。

## 第七十七章　天之道

天之道，其犹张弓欤？高者抑之，下者举之，有余者损之，不足者补之。天之道，损有余而补不足。人之道，则不然，损不足以奉有余。孰能有余以奉天下？唯有道者。是以圣人为而不恃，功成而不处，其不欲见贤。

【论述】

天道公允，犹如拉弓射的，调节有度。对于万物，则是裁长补短，提低压高，损有余以奉不足，防止不均，以达平衡，这就是至公无私的天道。

然而人道则不然，损不足以奉有余。老子以此指出：二千五百多年来的统治体制，就是损不足而奉有余，这是违反天道的。帝王裂土封侯，是把贫民作为榨取财富的奴隶分给王侯大公。结果，是一贫如洗的贫民受到层层剥削，穷者愈穷，富者愈富。

只有以道治国的圣人，才能无私、无欲、无争、无妄地施行损有余以奉不足，解决不患寡而患不均之弊。用现代语言来说，这是预防两极分化的良策。

## 第七十八章　弱胜强

天下莫柔弱于水，而攻坚强者莫之能胜，以其无以易之。弱之胜强，柔之胜刚，天下莫不知，莫能行。是以圣人云："受国之垢，是谓社稷主；受国不祥，是为天下王。"正言若反。

【论述】

水虽柔弱之极，却无坚不克，原因是"以其无以易之"。就是说，水是无私、无欲、无我、无形而又无怨、无悔地处下、处污、处秽，顺万物之性，而无自性；水就是这样滋养万物，毫不为己，专利万物，历尽千辛万苦，在所不辞；几经卑贱，默不作声。水的结局又是怎样呢？君不见青海滩头水，清澈见底的涓涓细流，欢快地流向远方，流向黄河，流向长江，流向万物，流向人间。这就是水的永恒！“柔胜刚、弱胜强的哲理”就是这么简单，可“天下莫不知，莫能行”，帝王将相怎么会不懂这个道理呢？实际上，他们即使懂了也不会去实行。

因此圣人说：只有能为国为民吃苦受累而又无怨无悔的人才配得上当一国之主！只有能为国为民担当苦难和屈辱而鞠躬尽瘁的人，才配得上当人民的领袖！

## 第七十九章　和大怨

和大怨，必有余怨；安可以为善？是以圣人执左契，而不责于人。有德司契，无德司彻。天道无亲，常与善人。

【论述】

本章仅仅四十个字，经历两千五百多年，百家注释，千家解说，莫衷一是。

用词“大怨、余怨、为善”都是平凡之语，然而又用上夏、商、周三代的官方名词“左契、司契、司彻”等体制用语，叙述上既简约又拐弯，多方导向，用意含蓄。就是这样，老子将唯物主义者的核心观念，深深地隐埋在云遮雾罩的深山老林中。

第一句，“和大怨”就是调和剥削与被剥削、压迫与被压迫之间长期所积淀的怨恨。第二句，“必有余怨”是对前句的否定，“大怨”之根是“余怨”，“余怨”的积淀是“大怨”，“大”源于“小”。两句合解，就是调和剥削与被剥削、压迫与被压迫之间的怨恨是不可能的，是调和不了的，因为剥削和压迫的“余怨”依然存在。所以又说：“焉可以为善？”怎么可以说是好事呢？

核心观念：以道治国，圣人只是人民的管家，不是剥削者，也不是压迫者。“而不责于人”，不会去剥削压迫人民，所以，“有德司契”，有德之圣人，只是去存管文档和契约。只有无德的君王，才苛捐杂税，横征暴敛，这就是“无德司彻”。

最后一句，“天道无亲，常与善人”和第五章的“天地不仁，以万物为刍狗”相呼应。这是唯物主义者无神论的宣言。“天道”是指物质运动、变化和发展及其各种自然现象都是按规律进行的，没有亲疏厚薄之分。善人者，是尊天道，也就是按规律办事；不妄为的人，天道就会以规律帮助他们成事。

## 第八十章　小国寡民

小国寡民。使有什佰之器而不用；使民重死而不远徙。虽有舟舆，无所乘之；虽有甲兵，无所陈之。使民复结绳而用之。甘其食，美其服，安其居，乐其俗。邻国相望，鸡犬之声相闻，民至老死，不相往来。

【论述】

这是两千五百多年前，人类第一部人权宣言书，以“小国寡民”为题，向统治者提出人民最基本的人权要求。

小国寡民，并不是老子的理想国或是乌托邦，它的真实解释应该是：青壮年都战死了，只剩下幼小的孩子和孤寡老人。这些残存的寡民，呼唤着要一块安身立命之地，这块安身立命之地就是小国。

人民有了安身立命之地之后，第一个要求也就是第一句话“使有什佰之器而不用”。什佰之器，是古时候用于战争的设备，是需要几十人、上百人才能操作的战争工具。使其不用，就是不得再有战争了。其后，强化一句“虽有甲兵，无所陈之”，表示坚决制止战争。

最后一句“邻国相望，鸡犬之声相闻，民至老死，不相往来”，这是孤寡老人们含着眼泪说的。就是说，宁愿老死不相往来，也不愿意因往来而有战争！

第二句话“使民重死而不远徙。虽有舟舆，无所乘之”，这是要求维护人类赖以生存的家园，不再遭受战争的蹂躏；人可以与这块安身立命之地，老死相守，不再颠沛流离，四处逃亡。虽有车马舟船，也就没有用了。

第三句话“使民复结绳而用之”是血泪之言。只有饱经苦难的人们，才能感受到这句话是如此沉重。其真实意义是说，如果人类的基本人权受到践踏，连生命都保不住，那么，什么物质文明、精神文明统统都是废话、毫无意义。人们宁愿回到结绳记事的远古时代，在有尊严的前提下，在与野兽的搏斗中，享受天年。

最后的人权要求是民生第一，“甘其食，美其服，安其居”。人民要求吃饱、穿暖，居有所，耕有田。

“乐其俗”，就是要求人民的风俗、习惯和信仰自由，要得到尊重。

# 第八十一章　信言不美

信言不美，美言不信。善者不辩，辩者不善。知者不博，博者不知。圣人不积，既以为人己愈有，既以与人己愈多。天之道，利而不害；圣人之道，为而不争。

【论述】

本章仅仅五十七个字，表达了老子对黎民百姓的深切关怀！

在此，他谆谆教导执政者，要听逆耳的忠言。“信言”，说的是事实真相，有利于执政和行政。千万不要只爱听好话和恭维的话，那不是事实，听了要坏国家大事的。

要警惕巧言令色者，善者是不会巧舌如簧的。

渊博的知识是可贵的，但是，渊博的知识不等于可用之知。说得头头是道，引经据典，令人叹服，可千万不要忘记必须与实事和事实相结合；否则，要上大当。

爱民治国的圣人是不积、不害和不争的。

圣人以“道”执政，不为自己积累任何东西。他们如日经天，洒向人间的是光和热；又如春风化雨，无声无息地滋润万物！

为黎民百姓，无私、无欲、无争、无妄地奉献和付出，是圣人价值的体现。奉献和付出愈多，价值就愈大。圣人仅此而已，别无他求，更无所争。

# 附录：《道德经》全文（导论版）

流传两千五百多年的《道德经》，其始作版已无法查考。迄今为止，《道德经》原文版和流行文本，据统计已达千余种，其中改动和差义的文句达百余处。看来老子已预料到这种情况的发生，在下笔时就将精髓深埋并多处设防，其主轴思想不仅深藏，还有备份，只有用心才会发现。

因此，《道德经》的总思想、总思路和总目标仍然可以依文索义、依义索文，经过几番反复还是可以完整地被寻找出来的。

本导论就是根据《道德经》的总思想、总思路和总目标来校正原文的。

本校正版，只是还原《道德经》的原旨，不可能还原《道德经》的每一个字。有的改动可能是改对了，因为出于特殊原因，原文可能有意错写，若能深谙时代背景，就会理解老子的用心之苦。“知不知，尚矣”，这大概就是我们永远无法知道的地方。

## 第一章

道，可道，非常道。名，可名，非常名。无名，天地之始；有名，万物之母。故常无，欲以观其妙；常有，欲以观其徼。此两者，同出而异名，同谓之玄。玄之又玄，众妙之门。

## 第二章

天下皆知美之为美，斯恶已。皆知善之为善，斯不善已。有无相生，难易相成，长短相形，高下相盈，音声相和，前后相随，恒也。是以圣人处无为之事，行不言之教；万物作而弗始，生而弗有，为而弗恃，功成而弗居。夫唯弗居，是以不去。

## 第三章

不尚贤，使民不争；不贵难得之货，使民不为盗；不见可欲，使民心不乱。是以圣人之治，虚其心，实其腹，弱其志，强其骨。常使民无知无欲，使夫智者不敢为也。为无为，则无不治。

## 第四章

道冲，而用之或不盈。渊兮，似万物之宗。挫其锐，解其纷，和其光，同其尘。湛兮，似或存。吾不知谁之子，象帝之先。

## 第五章

天地不仁，以万物为刍狗；圣人不仁，以百姓为刍狗。天地之间，其犹橐籥乎？虚而不屈，动而愈出。多闻数穷，不如守中。

## 第六章

谷神不死，是谓玄牝。玄牝之门，是谓天地根。绵绵若存，用之不勤。

## 第七章

天长地久。天地所以能长且久者，以其不自生，故能长生。是以圣人后其身而身先，外其身而身存。非以其无私邪？故能成其私。

## 第八章

上善若水。水善利万物而不争，处众人之所恶，故几于道。居善地，心善渊，与善仁，言善信，政善治，事善能，动善时。夫唯不争，故无尤。

## 第九章

持而盈之，不如其已。揣而锐之，不可长保。金玉满堂，莫之能守。富贵而骄，自遗其咎。功遂身退，天下之道。

## 第十章

载营魄抱一，能无离乎？专气致柔，能婴儿乎？涤除玄鉴，能无疵乎？爱民治国，能无为乎？天门开阖，能为雌乎？明白四达，能无知乎？生而不有，为而不恃，长而不宰，是谓玄德。

## 第十一章

三十辐，共一毂，当其无，有车之用。埏埴以为器，当其无，有器之用。凿户牖以为室，当其无，有室之用。故有之以为利，无之以为用。

## 第十二章

五色令人目盲；五音令人耳聋；五味令人口爽；驰骋围猎，令人心发狂；难得之货，令人行妨。是以圣人为腹不为目，故去彼取此。

## 第十三章

宠辱若惊，贵大患若身。何谓宠辱若惊？宠为下，得之若惊，失之若惊，是谓宠辱若惊。何谓贵大患若身？吾所以有大患者，为吾有身，及吾无身，吾有何患？故贵以身为天下，若可寄天下；爱以身为天下，若可托天下。

## 第十四章

视之不见，名曰夷；听之不闻，名曰希；搏之不得，名曰微。此三者，不可致诘，故混而为一。其上不皦，其下不昧，绳绳兮，不可名，复归于无物。是谓无状之状，无物之象，是谓惚恍。迎之不见其首，随之不见其后。执古之道，以御今之有。能知古始，是谓道纪。

## 第十五章

古之善为道者，微妙玄通，深不可识。夫唯不可识，故强为之容：豫兮若冬涉川；犹兮若畏四邻；俨兮其若客；涣兮其若凌释；敦兮其若朴；旷兮其若谷；混兮其若浊；澹兮其若海；飂兮若无止。孰能浊以静之徐清？孰能安以动之徐生？保此道者，不欲盈。夫唯不盈，故能敝而新成。

## 第十六章

致虚极，守静笃。万物并作，吾以观其复。夫物芸芸，各复归其根。归根曰静，静曰复命。复命曰常，知常曰明。不知常，妄作凶。知常容，容乃公，公乃正，正乃天，天乃道，道乃久，没身不殆。

## 第十七章

太上，不知有之；其次，亲而誉之；其次，畏之；其次，侮之。信不足焉，有不信焉。犹兮其贵言。功成事遂，百姓皆谓："我自然。"

## 第十八章

大道废，有仁义；智慧出，有大伪；六亲不和，有孝慈；国家昏乱，有忠臣。

## 第十九章

绝圣弃智，民利百倍；绝仁弃义，民复孝慈；绝巧弃利，盗贼无有。此三者以为文，不足。故令有所属：见素抱朴，少私寡欲，绝学无忧。

## 第二十章

唯之与阿，相去几何？美之与恶，相去若何？人之所畏，不可不畏。荒兮，其未央哉！众人熙熙，如享太牢，如春登台。我独泊兮，其未兆；沌沌兮，如婴儿之未孩；累累兮，若无所归。众人皆有余，而我独若遗。我愚人之心也哉。俗人昭昭，我独昏昏。俗人察察，我独闷闷。众人皆有以，而我独顽且鄙。我独异于人，而贵食母。

## 第二十一章

孔德之容，惟道是从。道之为物，惟恍惟惚。惚兮恍兮，其中有象；恍兮惚兮，其中有物；窈兮冥兮，其中有精；其精甚真，其中有信。自今及古，其名不去，以阅众甫。吾何以知众甫之状哉？以此。

## 第二十二章

曲则全，枉则直，洼则盈，敝则新，少则得，多则惑。是以圣人抱一为天下式。不自见，故明；不自是，故彰；不自伐，故有功；不自矜，故长。夫唯不争，故天下莫能与之争。古之所谓“曲则全”者，岂虚言哉！诚全而归之。

## 第二十三章

希言自然。故飘风不终朝，骤雨不终日。孰为此者？天地。天地尚不能久，而况于人乎？故从事于道者，同于道；德者，同于德；失者，同于失。同于道者，道亦乐得之；同于德者，德亦乐得之；同于失者，失亦乐得之。信不足焉，有不信焉。

## 第二十四章

企者不立；跨者不行；自见者不明；自是者不彰；自伐者无功；自矜者不长。其在道也，曰：余食赘形，物或恶之，故有道者不处。

## 第二十五章

有物混成，先天地生。寂兮寥兮，独立而不改，周行而不殆，可以为天地母。吾不知其名，强字之曰道，强为之名，曰大。大曰逝，逝曰远，远曰反。故道大，天大，地大，人亦大。域中有四大，而人居其一焉。人法地，地法天，天法道，道法自然。

## 第二十六章

重为轻根，静为躁君。是以君子终日行不离辎重。虽有荣观，燕处超然。奈何万乘之主，而以身轻天下？轻则失根，躁则失君。

## 第二十七章

善行，无辙迹；善言，无瑕谪；善数，不用筹策；善闭，无关楗而不可开；善结，无绳约而不可解。是以圣人常善救人，故无弃人；常善救物，故无弃物。是谓袭明。故善人者，不善人之师；不善人者，善人之资。不贵其师，不爱其资，虽智大迷。是谓要妙。







## 第二十八章

知其雄，守其雌，为天下溪。为天下溪，常德不离，复归于婴儿。知其白，守其黑，为天下式。为天下式，常德不忒，复归于无极。知其荣，守其辱，为天下谷。为天下谷，常德乃足，复归于朴。朴散则为器，圣人用之，则为官长。故大制不割。

## 第二十九章

将欲取天下而为之，吾见其不得已。天下神器，不可为也，不可执也。为者败之，执者失之。是以圣人无为，故无败；无执，故无失。夫物或行或随；或嘘或吹；或强或羸；或载或隳。是以圣人去甚，去奢，去泰。

## 第三十章

以道佐人主者，不以兵强天下，其事好还。师之所处，荆棘生焉。大军之后，必有凶年。善有果而已，不以取强。果而勿矜，果而勿伐，果而勿骄。果而不得已，果而勿强。物壮则老，是谓不道，不道早已。

## 第三十一章

夫兵者，不祥之器。物或恶之，故有道者不处。君子居则贵左，用兵则贵右。兵者不祥之器，非君子之器，不得已而用之，恬淡为上。胜而不美，而美之者，是乐杀人。夫乐杀人者，则不可得志于天下矣。吉事尚左，凶事尚右。偏将军居左，上将军居右，言以丧礼处之。杀人之众，以悲哀泣之，战胜以丧礼处之。

## 第三十二章

道常无名。朴虽小，天下莫能臣。侯王若能守之，万物将自宾。天地相合，以降甘露，民莫之令而自均。始制有名，名亦既有，夫亦将知止，知止可以不殆。譬道之在天下，犹川谷之于江海。

## 第三十三章

知人者智，自知者明；胜人者有力，自胜者强。知足者富。强行者有志。不失其所者久。死而不亡者寿。

## 第三十四章

大道泛兮，其可左右。万物恃之以生而

不辞，功成而不有。衣养万物而不为主，可名于小；万物归焉而不为主，可名为大。以其终不自为大，故能成其大。

## 第三十五章

执大象，天下往。往而不害，安平泰。乐与饵，过客止。道之出口，淡乎其无味，视之不足见，听之不足闻，用之不足既。

## 第三十六章

将欲歙之，必故张之；将欲弱之，必故强之；将欲废之，必故兴之；将欲取之，必故与之。是谓微明。柔弱胜刚强。鱼不可脱于渊，国之利器不可以示人。

## 第三十七章

道常无为而无不为。侯王若能守之，万物将自化。化而欲作，吾将镇之以无名之朴。镇之以无名之朴，夫将不欲。不欲以静，天下将自正。

## 第三十八章

上德不德，是以有德；下德不失德，是以无德。上德无为而无以为；下德无为而有以为。上仁为之而无以为；上义为之而有以为。上礼为之而莫之应，则攘臂而扔之。故失道而后德，失德而后仁，失仁而后义，失义而后礼。夫礼者，忠信之薄，而乱之首。前识者，道之华，而愚之始。是以大丈夫居其厚，不居其薄；处其实，不居其华。故去彼取此。

## 第三十九章

昔之得一者：天得一以清；地得一以宁；神得一以灵；谷得一以盈；万物得一以生；侯王得一以为天下正。其致之也，天无以清，将恐裂；地无以宁，将恐废；神无以灵，将恐歇；谷无以盈，将恐竭；万物无以生，将恐灭；侯王无以正高，将恐蹶。故贵以贱为本，高以下为基。是以侯王自谓“孤”“寡”“不谷”。此非以贱为本耶？非也，故至誉无誉。是故不欲琭琭如玉。珞珞如石。

## 第四十章

反者道之动；弱者道之用。天下万物生于有，有生于无。

## 第四十一章

上士闻道，勤而行之；中士闻道，若存若亡；下士闻道，大笑之。不笑不足以为道。

故建言有之："明道若昧；进道若退；夷道若类；上德若谷；大白若辱；广德若不足；建德若偷；质真若渝；大方无隅；大器晚成；大音希声；大象无形；道隐无名"。夫唯道，善始且善成。

## 第四十二章

道生一，一生二，二生三，三生万物。万物负阴而抱阳，冲气以为和。人之所恶，唯"孤""寡""不谷"。而王公以为称。故物或损之而益，或益之而损。人之所教，我亦教之："强梁者不得其死"，吾将以为教父。

## 第四十三章

天下之至柔，驰骋天下之至坚。无有入无间。吾是以知无为之有益。不言之教，无为之益，天下希及之。

## 第四十四章

名与身孰亲？身与货孰多？得与亡孰病？甚爱必大费，多藏必厚亡。知足不辱，知止不殆，可以长久。

## 第四十五章

大成若缺，其用不弊。大盈若冲，其用不穷。大直若屈，大巧若拙，大辩若讷。静胜躁，寒胜热。清静为天下正。

## 第四十六章

天下有道，却走马以粪。天下无道，戎马生于郊。罪莫大于甚欲；祸莫大于不知足；咎莫大于欲得。故知足之足，常足矣。

## 第四十七章

不出户，知天下；不窥牖，见天道。其出弥远，其知弥少。是以圣人不行而知，不见而明，不为而成。

## 第四十八章

为学日益，为道日损。损之又损，以至于无为。无为而无不为。取天下常以无事。及其有事，不足以取天下。

## 第四十九章

圣人常无心，以百姓心为心。善者，吾善之；不善者，吾亦善之；得善。信者，吾信之；不信者，吾亦信之；得信。圣人在天下，歙歙焉，为天下浑其心，百姓皆注其耳目，圣人皆孩之。

## 第五十章

出生入死。生之徒，十有三；死之徒，十有三；人之生，动之于死地，亦十有三。夫何故？以其上生之厚。盖闻善摄生者，路行不遇兕虎，入军不被甲兵。兕无所投其角，虎无所用其爪，兵无所容其刃。夫何故？以其无死地。

## 第五十一章

道生之，德畜之，物形之，势成之。是以万物莫不尊道而贵德。道之尊，德之贵，夫莫之命而常自然。故道生之，德畜之。长之育之；成之熟之；养之覆之。生而不有，为而不恃，长而不宰，是谓玄德。

## 第五十二章

天下有始，以为天下母。既得其母，以知其子。既知其子，复守其母，没身不殆。塞其兑，闭其门，终身不勤。开其兑，济其事，终身不救。见小曰明，守柔曰强。用其光，复归其明，无遗身殃，是为袭常。

## 第五十三章

使我介然有知，行于大道，唯迤是畏。大道甚夷，而人好径。朝甚除，田甚芜，仓甚虚，服文采，带利剑，厌饮食，财货有余，是为盗竽。非道也哉！

## 第五十四章

善建者不拔，善抱者不脱，子孙以祭祀不辍。修之于身，其德乃真；修之于家，其德乃余；修之于乡，其德乃长；修之于邦，其德乃丰；修之于天下，其德乃普。故以身观身，以家观家，以乡观乡，以邦观邦，以天下观天下。吾何以知天下然哉？以此。

## 第五十五章

含“德”之厚，比于赤子。毒虫不螫，猛兽不据，攫鸟不搏。骨弱筋柔而握固。未知牝牡之合而峻作，精之至也。终日号而不嗄，和之至也。知和曰“常”，知常曰“明”，益生曰祥，心使气曰强。物壮则老，谓之不道，不道早已。

## 第五十六章

知者不言，言者不知。挫其锐，解其纷，和其光，同其尘，是谓“玄同”。故不可得而亲，不可得而疏；不可得而利，不可得而害；不可得而贵，不可得而贱。故为天下贵。

## 第五十七章

以正治国，以奇用兵，以无事取天下。吾何以知其然哉？以此：天下多忌讳，而民弥贫；人多利器，国家滋昏；人多伎巧，奇物滋起；法令滋彰，盗贼多有。故圣人云：“我无为，而民自化；我好静，而民自正；我无事，而民自富；我无欲，而民自朴。”

## 第五十八章

其政闷闷，其民淳淳；其政察察，其民缺缺。祸兮，福之所倚；福兮，祸之所伏。孰知其极？其无正也。正复为奇，善复为妖。是以圣人方而不割，廉而不刿，直而不肆，光而不耀。人之迷，其日固久！

## 第五十九章

治人事天，莫若啬。夫唯啬，是谓早备；早备谓之重积德；重积德则无不克；无不克则莫知其极；莫知其极，可以有国；有国之母，可以长久；是谓深根固柢、长生久视之道。

## 第六十章

治大国，若烹小鲜。以道莅天下，其鬼不神；非其鬼不神，其神不伤人。非其神不伤人，圣人亦不伤人。夫两不相伤，故德交归焉。

## 第六十一章

大国者下流，天下之牝，天下之交也。牝常以静胜牡，以静为下。故大国以下小国，则取小国；小国以下大国，则取大国。故或下以取，或下而取。大国不过欲兼畜人，小国不过欲入事人。夫两者各得所欲，大者宜为下。

## 第六十二章

道者万物之奥。善人之宝，不善人之所保。美言可以市尊，美行可以加人。人之不善，何弃之有？故立天子，置三公，虽有拱璧以先驷马，不如坐进此道。古之所以贵此道者何？不曰：求以得，有罪以免耶？故为天下贵。

## 第六十三章

为无为，事无事，味无味。大小多少，报怨以德。图难于其易；为大于其细。天下难事，必作于易；天下大事，必作于细。是以圣人终不为大，故能成其大。夫轻诺必寡信，多易必多难。是以圣人犹难之，故终无难矣。

## 第六十四章

其安易持；其未兆易谋；其脆易泮；其微易散。为之于未有，治之于未乱。合抱之木，生于毫末；九层之台，起于累土；千里之行，始于足下。为者败之；执者失之。是以圣人无为，故无败；无执，故无失。民之从事，常于几成而败之。慎终如始，则无败事。是以圣人欲不欲，不贵难得之货，学不学，复众人之所过。以辅万物自然而不敢为。

## 第六十五章

古之善为道者，非以明民，将以愚之。民之难治，以其智多。故以智治国，国之贼；不以智治国，国之福。知此两者亦稽式。常知稽式，是谓“玄德”。“玄德”深矣，远矣，与物反矣，然后乃至大顺。

## 第六十六章

江海所以能为百谷王者，以其善下之，故能为百谷王。是以圣人欲上民，必以言下之；欲先民必以身后之。是以圣人处上而民不重，处前而民不害。是以天下乐推而不厌。以其不争，故天下莫能与之争。

## 第六十七章

天下皆谓我道大，似不肖。夫唯大，故似不肖。若肖，久矣其细也夫！我有三宝，持而保之：一曰慈，二曰俭，三曰不敢为天下先。慈故能勇；俭故能广；不敢为天下先，故能成器长。今舍慈且勇，舍俭且广，舍后且先，死矣。夫慈以战则胜，以守则固。天将救之，以慈卫之。

## 第六十八章

古之善为士者，不武。善战者，不怒；善胜敌者，不与；善用人者，为之下。是谓不争之德，是谓用人之力，是谓配天古之极。

## 第六十九章

用兵有言："吾不敢为主，而为客；不敢进寸，而退尺。"是谓行无行；攘无臂；

扔无敌；执无兵。祸莫大于轻敌，轻敌几丧吾宝。故抗兵相若，哀者胜矣。

## 第七十章

吾言甚易知，甚易行。天下莫能知，莫能行。言有宗，事有君。夫唯无知，是以不我知。知我者希，则我者贵。是以圣人被褐而怀玉。

## 第七十一章

知不知，尚矣；不知知，病也。圣人不病，以其病病。夫唯病病，是以不病。

## 第七十二章

民不畏威，则大威至。无狭其所居，无厌其所生。夫唯不厌，是以不厌。是以圣人自知不自见；自爱不自贵。故去彼取此。

## 第七十三章

勇于敢则杀，勇于不敢则活。此两者，或利或害。天之所恶，孰知其故？天之道，不争而善胜，不言而善应，不召而自来，繟然而善谋。天网恢恢，疏而不失。

## 第七十四章

民不畏死，奈何以死惧之？若使民常畏死，而为奇者，吾得执而杀之，孰敢？常有司杀者杀。夫代司杀者杀，是谓代大匠斫。夫代大匠斫者，希有不伤其手矣。

## 第七十五章

民之饥，以其上食税之多，是以饥。民之难治，以其上之有为，是以难治。民之轻死，以其上生之厚，是以轻死。夫唯无以生为者，是贤于贵生。

## 第七十六章

人之生也柔弱，其死也坚强。草木之生也柔脆，其死也枯槁。故坚强者死之徒，柔弱者生之徒。是以兵强则灭，木强则折，强大处下，柔弱处上。

## 第七十七章

天之道，其犹张弓欤？高者抑之，下者举之，有余者损之，不足者补之。天之道，损有余而补不足。人之道，则不然，损不足以奉有余。孰能有余以奉天下？唯有道者。是以圣人为而不恃，功成而不处，其不欲见贤。

## 第七十八章

天下莫柔弱于水，而攻坚强者莫之能胜，以其无以易之。弱之胜强，柔之胜刚，天下莫不知，莫能行。是以圣人云：“受国之垢，是谓社稷主；受国不祥，是为天下王。”正言若反。

## 第七十九章

和大怨，必有余怨；安可以为善？是以圣人执左契，而不责于人。有德司契，无德司彻。天道无亲，常与善人。

## 第八十章

小国寡民。使有什佰之器而不用；使民重死而不远徙。虽有舟舆，无所乘之；虽有甲兵，无所陈之。使民复结绳而用之。甘其食，美其服，安其居，乐其俗。邻国相望，鸡犬之声相闻，民至老死，不相往来。

## 第八十一章

信言不美，美言不信。善者不辩，辩者不善。知者不博，博者不知。圣人不积，既以为人己愈有，既以与人己愈多。天之道，利而不害；圣人之道，为而不争。

图书在版编目（CIP）数据

道德经导论 / 蓝进著. — 青岛 : 中国海洋大学出版社，2015.11

ISBN 978-7-5670-1041-3

Ⅰ. ①道… Ⅱ. ①蓝… Ⅲ. ①道家②《道德经》—研究 Ⅳ. ①B223.15

中国版本图书馆CIP数据核字(2015)第262321号

出版发行 中国海洋大学出版社
社　　址 青岛市香港东路23号　　邮政编码 266071
出 版 人 杨立敏
网　　址 http://www.ouc-press.com
电子信箱 1152003083@qq.com
订购电话 0532-82032573（传真）
责任编辑 李夕聪　　电　　话 0532-85901087
责任校对 潘克菊
装帧设计 石　盼　王谦妮
印　　制 青岛国彩印刷有限公司
版　　次 2016年1月第1版
印　　次 2016年1月第1次印刷
成品尺寸 170 mm × 230 mm
印　　张 14.25
字　　数 100千
书　　号 ISBN 978-7-5670-1041-3
定　　价 68.00元